图书在版编目（CIP）数据

中国减贫学：政治经济学视野下的中国减贫理论与
实践 / 新华社中国减贫学课题组编著 . -- 北京：新华
出版社：人民出版社，2021.7
  ISBN 978-7-5166-5963-2

Ⅰ . ①中… Ⅱ . ①新… Ⅲ . ①扶贫—经验—中国
Ⅳ . ① F126

中国版本图书馆 CIP 数据核字（2021）第 145350 号

中国减贫学：政治经济学视野下的中国减贫理论与实践

编　　著：新华社中国减贫学课题组

责任编辑：贾允河　齐泓鑫　　　　封面设计：李尘工作室

出版发行：新华出版社　人民出版社
地　　址：北京石景山区京原路 8 号　　邮　　编：100040
网　　址：http://www.xinhuapub.com
经　　销：新华书店、新华出版社天猫旗舰店、京东旗舰店及各大网店
购书热线：010-63077122　　　中国新闻书店购书热线：010-63072012

照　　排：华兴嘉誉
印　　刷：三河市君旺印务有限公司

成品尺寸：170mm×240mm
印　　张：10.5　　　　　　　　字　　数：73 千字
版　　次：2021 年 10 月第一版　　印　　次：2021 年 10 月第一次印刷

书　　号：ISBN 978-7-5166-5963-2
定　　价：39.00 元

我们立足我国国情，把握减贫规律，出台一系列超常规政策举措，构建了一整套行之有效的政策体系、工作体系、制度体系，走出了一条中国特色减贫道路，形成了中国特色反贫困理论。①

——习近平

---

① 习近平：《在全国脱贫攻坚总结表彰大会上的讲话》，《新华每日电讯》2021 年 02 月 26 日。

目 录

《中国减贫学》智库报告

新闻报道

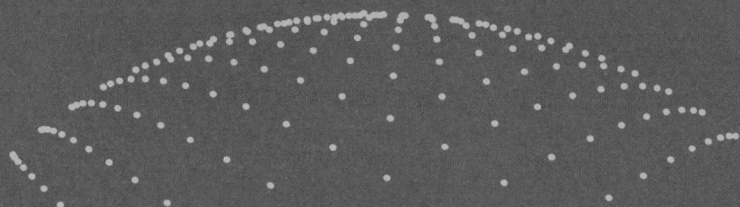

《中国减贫学》智库报告

（扫描下载报告电子版）

导 论

　　2020 年中国打赢脱贫攻坚战，历史性地解决了困扰中华民族几千年的绝对贫困问题，提前 10 年实现联合国 2030 年可持续发展议程的减贫目标。

　　这是"21 世纪最伟大的世界故事之一"，[①]"将成为全球反贫困事业的教科书"。[②]

---

① 〔美〕罗伯特·劳伦斯·库恩，汪三贵等著，《脱贫之道：中国共产党的治理密码》，重庆出版社 2020 年版，第 5 页。
② 张建军：《中国的脱贫攻坚将成为全球反贫困事业的教科书》，《中国经济周刊》2016 年第 40 期。

中国减贫实践超出了现有经典教科书的既定理论，新的现实需要新的解释与总结。

本报告认为，中国成功的减贫实践已孕育产生了"中国减贫学"。中国减贫学旨在用政治经济学原理解释中国减贫实践。指导中国打赢脱贫攻坚战的中国领导人习近平的扶贫重要论述是中国减贫学的思想基础和理论内核。

本报告在概述中国减贫，尤其是脱贫攻坚成绩的基础上，简述了中国精准减贫的实践操作方法，探索了中国减贫学的原理，并讨论了其世界意义。

本报告认为，中国减贫学是既有助于减贫、又有利于发展的政治经济学分配理论。其核心要义是：锚定共同富裕目标，依托精准手段，构建政府、市场和社会协同发力的"益贫市场"机制，解放贫困者的生产力，使他们不仅成为分配的受益者，也成为增长的贡献者，推动实现整个社会更加均衡、更加公平的发展。

聚焦于减贫，尤其是解决绝对贫困"最后一公里"这一"准公共物品"，中国创造性地拓展了"益贫市场"机制。它使人看到，在精准减贫领域，"有为政府"这一"看得见的手"并非"闲不住的手"，而是必不可少的"赋能之手"。同时，有效的益贫市场并非是对市场的扭曲，而是市场的再造。参与益贫市场运作的各个行为主体，形成有机互动，有利于更好地把握住公平与效率的矛盾，实现社会公正、发展与稳定，有利于解决做大蛋糕、分好蛋糕的世纪难题。

作为世界减贫理论的学习者、受益者和创新者，中国基于本国国情进行的大规模减贫实践和对减贫规律的理论探索，可以为其他国家和地区探索自己的减贫之道提供新的视角和有益的参考。实际上，已有不少外国学者在努力破译中国减贫的"密码"，他们的看法或许可以用 5 个"D"来概括：坚强领导（Determined Leadership）、细绘蓝图（Detailed Blueprint）、发展导向（Development Oriented）、数字管理（Data-based Governance）、分级实施（Decentralized Delivery）。减贫是世界难题、千年难题，理论探索永无止境。我们希望通过对中国减贫学的描述，激发更多的创意思考与学术交流，共同探索世界均衡包容发展之道，促进各国进一步携手合作，向实现联合国 2030 年可持续发展议程的目标迈进。

减贫道路上，一个都不能少。

第1章

中国减贫学的形成脉络

反贫困是古今中外治国理政的一件大事。消除
贫困、改善民生、逐步实现共同富裕，是社会主义
的本质要求，是我们党的重要使命。[①]

——习近平

[①] 《在中央扶贫开发工作会议上的讲话》（2015年11月27日），《习近平关于全面建成小康社会论述摘编》，中央文献出版社2016年版，第155页。

　　8 年来实现近 1 亿贫困人口脱贫、改革开放 40 多
年来累计让近 8 亿人摆脱贫困……这是人类历史上规
模最大、力度最强的减贫"攻坚战"。

　　据测算，20 世纪 90 年代，我国贫困人口减少与
经济增长的弹性系数为 -0.8，即国内生产总值每增长
一个百分点，农村贫困人口可减少 0.8%。

1.1 中国减贫学的实践基础

中国现行贫困线是参照国际权威机构标准并结合中国国情制定的多维贫困线标准。中国综合了教育、健康、生活标准三个维度，将"两不愁三保障"，即：稳定实现农村贫困人口不愁吃、不愁穿，保障其义务教育、基本医疗和住房安全，定为贫困人口脱贫的基本要求和核心指标。

2020 年 2 月，《俄罗斯报》给中国减贫算了一笔细账：最近几年，每个月都有约 100 万人脱离绝对贫困，这相当于中国每 3 秒就有 1 个人脱贫。虽然遭遇新冠肺炎疫情影响，中国历史性摆脱绝对贫困的愿望依然如期实现。建档立卡贫困人口人均纯收入从 2015 年的 2982 元增加到 2020 年的 10740 元，年均增幅比全国农民收入高 20 个百分点，工资性收入和生产经营性收入占比逐年上升，转移性收入占比逐年下降，生活质量明显提高。①

① 中共国家乡村振兴局党组:《人类减贫史上的伟大奇迹》,《求是》2021 年第四期。

"超级链接"伸向贫困地区

基础设施条件的改善，是贫困人口获得感最强的领域之一。截至 2019 年底，中国农村公路里程已达 420 万公里，实现具备条件的乡镇和建制村 100% 通硬化路。仅 2016 至 2019 年，支持贫困地区改造建设 1.69 万公里国家高速公路。[①] 中国贫困村通光纤和 4G 比例均超过 98%。[②] 随着通达深度和覆盖广度的延展，贫困地区与全球市场的时空距离大幅缩短。

产业扶贫带来大量就业

产业扶贫是稳定脱贫的根本之策。贫困地区依托当地资源禀赋，通过建立利益联结机制发展的各类特色产业，既带动当地经济增长，又为大量贫困人口提供了就业岗位。中国人社部数据显示，中国 90% 以

---

① 姚亚奇：《交通扶贫"两通"任务已基本完成》，《光明日报》2020 年 09 月 29 日。

② 习近平：《在全国脱贫攻坚总结表彰大会上的讲话》，《新华每日电讯》2021 年 2 月 26 日。

上建档立卡贫困人口得到了产业扶贫和就业扶贫支持，三分之二以上主要靠外出务工和产业脱贫。中国贫困地区已累计建有 3.2 万多个"扶贫车间"，吸纳 43.7 万贫困人口在家门口就业。①

保障妇女儿童追逐梦想

在持续的减贫工作中，中国妇女儿童的权益得到充分保障。目前，中国孕产妇死亡率、婴儿死亡率等主要健康指标总体上优于中高收入国家平均水平。中国 20 万建档立卡辍学学生已重返课堂。2019 年，九年义务教育巩固率达到 94.8%。②

2015 年以来，中国还累计为 110 万名建档立卡的贫困妇女发放扶贫小额信贷 610 多亿元，帮助 400 多万名贫困妇女通过产业实现增收。③

---

① 邱玥：《全力帮助贫困劳动力稳岗就业》，《光明日报》2020 年 11 月 20 日。
② 周世祥：《亮眼数据勾勒出教育格局性变化》，《光明日报》2020 年 12 月 02 日。
③ 中华人民共和国国务院新闻办公室：《平等 发展 共享：新中国 70 年妇女事业的发展与进步》，《人民日报》2019 年 9 月 20 日。

探索"生态友好型"扶贫

中国 80% 以上的贫困县,地处生态脆弱区。自 2015 年以来,中国将 1000 万人从高寒山区、灾害频发、生态脆弱区域,搬入邻近集镇、村庄,并帮助充分就业。① 自 2016 年以来,中国中西部有劳动能力的贫困人口中,110.2 万人被选聘为生态护林员,"砍柴人"变成"护林员","牧羊人"变成"护草员"。探索"生态友好型减贫"路径,中国取得了脱贫和生态保护双赢。

织起庞大的社会保障"安全网"

近 2000 万贫困群众享受低保和特困救助供养,2400 多万困难和重度残疾人拿到了生活和护理补贴。②

---

① 安蓓:《"十三五"易地扶贫搬迁任务全面完成 5 年、近千万人,这场"搬迁"影响深远》,《新华每日电讯》2020 年 12 月 04 日。

② 习近平:《在全国脱贫攻坚总结表彰大会上的讲话》,《新华每日电讯》2021 年 2 月 26 日。

1.2 中国减贫学的历史背景

中国消除绝对贫困，是在近代百年积贫积弱的历史背景下，经过几代人接续奋斗取得的结果。有社会主义制度的保障，中国不断吸收国际减贫经验，在不同的发展阶段不断丰富减贫认知，逐步形成了基于本国国情、富有理论创新的中国减贫学。

中国历史上曾长期走在世界前列。1840 年以后，因为外强侵略和掠夺，中国陷入积贫积弱境地。新中国成立之初，中国共产党面对的是一个经历 100 多年战乱、满目疮痍的烂摊子，国家一穷二白，人民生活极端贫困，工农业基础十分薄弱，国民经济几近崩溃。中国人民求生存、谋发展，难度之大超出想象。[1]

———————————

[1]　中华人民共和国国务院新闻办公室:《新时代的中国与世界》，人民出版社 2019 年版，第 4 页。

制度底色

发展为了人民，这是马克思主义政治经济学的根本立场。消除贫困、改善民生、实现共同富裕是社会主义的本质要求，也是中国共产党的执政宗旨。为什么中国能数十年如一日，持续不断、卓有成效地减贫，原因就是中国社会制度和体制中蕴藏着巨大的原动力，能够将公平和效率两大逻辑有机统一起来，实现经济发展和扶贫减贫的良性互动。这也是中国减贫学诞生的制度保障。

国际合作

国家间的相互合作和经验借鉴是促进国际减贫事业进步的重要因素。中国减贫进程推动有赖国际支持，减贫理论体系蕴含全球基因，并结合国情进行了本土化的创新。

发展方略

中国共产党的百年奋斗史，就是一部消灭贫困的斗争史。中华人民共和国成立初期，中国通过实施土地制度改革，开展大规模农业建设，缓解了中国农村的贫困状况。中国减贫实践经历了依靠农村经济体制变革减贫、区域开发式扶贫、综合性扶贫攻坚、整村推进与"两轮驱动"等不同阶段。[①] 改革开放以来，按照现行贫困标准计算，我国 7.7 亿农村贫困人口摆脱贫困。其中，中国历届党和国家主要领导人在推进农村扶贫开发工作实践过程中，提出并不断继承和发展了中国减贫的思想理论体系。

---

① 黄承伟著，《一诺千金——新时代中国脱贫攻坚的理论思考》，广西人民出版社 2019 年版，第 6、7、8 页。

1.3 中国减贫学的理论形成

中国减贫学走向成熟

2011 年，中国第一个十年扶贫开发纲要完成。一方面，中国减贫成就已举世瞩目，是全球首个实现联合国千年发展目标将极端贫困人口比例减半的国家；另一方面，剩下的都是贫困程度深、脱贫难度大的"硬骨头"。

国际经验表明，当一国贫困人口数占总人口的 10% 以下时，减贫就进入"最艰难阶段"。2012 年，中共十八大后，历史的接力棒传递到习近平手中。这时，中国还有 9899 万贫困人口。面对"贫困板结现象"，"涓滴效应"衰减，如何攻下"极贫最后堡垒"？

2012 年以来，中国把脱贫攻坚作为全面建成小康社会的底线任务，把农村贫困人口脱贫作为全面建成小康社会的"最突出短板"，聚焦深度贫困地区和特殊贫困群体，首次将"两不愁三保障"和社会公共服务指标作为脱贫目标，通过实施"六个精准"①"五个一批"②等精准扶贫举措，加强扶贫一线的工作力量，将资源、资金、项目直接瞄准贫困人口。

2021 年 2 月 25 日，习近平在全国脱贫攻坚总结表彰大会上宣布："我国脱贫攻坚战取得了全面胜利，现行标准下 9899 万农村贫困人口全部脱贫，832 个贫困县全部摘帽，12.8 万个贫困村全部出列，区域性整体贫困得到解决，完成了消除绝对贫困的艰巨任务。"

这意味着以精准扶贫为核心的"中国减贫学"得到实践检验，走向成熟。

习近平与精准扶贫

"40 多年来，我先后在中国县、市、省、中央工作，扶贫始终是我工作的一个重要内容，我花的精力

---

① "六个精准"指的是扶持对象精准、项目安排精准、资金使用精准、措施到户精准、因村派人精准、脱贫成效精准。

② "五个一批"指的是发展生产脱贫一批、易地搬迁脱贫一批、生态补偿脱贫一批、发展教育脱贫一批、社会保障兜底一批。

最多。"①从梁家河建第一个沼气池，到正定的农村改革脱贫翻身；从宁德探索"弱鸟先飞"，到开展"闽宁协作"扶贫对口支援，再到指挥全国波澜壮阔的脱贫攻坚战，带领人民摆脱贫困，贯穿习近平为民服务、为民奋斗的全进程。

在不断的探索实践中，习近平关于扶贫工作的重要论述积累逐渐丰富完善。2013 年 11 月，他来到湖南西部的十八洞村，首次提出"精准扶贫"——要建档立卡摸清每户致贫原因，不能"手榴弹炸跳蚤"，要下一番"绣花"功夫。中国减贫工作由此翻开了新篇章。此后，习近平关于扶贫工作的重要论述不断发展与成熟，系统回答了扶贫中"扶持谁、谁来扶、怎么扶、如何退"等核心问题，为中国全面消除绝对贫困提供了科学指引和行动纲领。

坚持党的领导，是习近平扶贫重要论述的核心要义。坚持中国共产党领导，是中国能够打赢

---

① 习近平:《携手消除贫困　促进共同发展——在 2015 减贫与发展高层论坛上的主旨演讲》，人民出版社 2015 年版，第 5 页。

脱贫攻坚战的最根本制度保证。扶贫工作由中国共产党统一领导，意味着政策的连续性有长期保证，意味着从中央到基层各级领导者分工明确、责任到人，以实现最大化的领导力、组织力、执行力。

坚持人民至上，是习近平扶贫重要论述的根本宗旨。"我们伟大的发展成就由人民创造，应该由人民共享"[①]"人民对美好生活的向往，就是我们的奋斗目标"[②]……在习近平的一次次讲话中，"人民"都是高频词，"坚定不移走共同富裕道路"是他反复强调的重大原则。

坚持合力攻坚，是习近平扶贫重要论述的制度保障。充分发挥社会主义制度的政治优势，集中全社

---

① 《习近平总书记发展二〇一八年新年贺词　以造福人民为最大政绩》，《新华每日电讯》2018 年 1 月 1 日。
② 习近平:《在十八届中央政治局常委同中外记者见面时的讲话》,《新华每日电讯》2012 年 11 月 16 日。

会资源，形成举国同心、全面动员的共同意志、共同
行动，是中国脱贫攻坚得以胜利的重要原因，习近平
形象地称之为"汇聚起排山倒海的磅礴力量"。

**坚持精准方略，是习近平扶贫重要论述的基本
方法**。在湖南西部的十八洞村，习近平提出"实事求
是、因地制宜、分类指导、精准扶贫"十六字方针，
开启了中国减贫"精准时代"。因人因户因村施策，
使政府的帮扶政策发挥了对症下药、靶向治疗的精准
效应。

**坚持自立自强，是习近平扶贫重要论述的鲜明
特色**。习近平认为，脱贫必须摆脱思想意识上的贫
困。中国采取一系列扶贫和扶志扶智相结合的举措，
激发贫困群众自身的内生动力，让他们心热起来、手
动起来，形成"社会动员＋自我发展"的大扶贫格局。

**坚持共享发展，是习近平扶贫重要论述的价值
理念**。习近平十分重视社会帮扶在扶贫工作中的重要

作用，强调要传承中华民族守望相助、和衷共济、扶贫济困的传统美德。在他的倡导、推动下，中国不断创新社会帮扶方式，形成了人人愿为、人人可为、人人能为的社会帮扶格局。

坚持求真务实，是习近平扶贫重要论述的工作准则。"真正让脱贫成效经得起历史和人民检验"，是习近平关于扶贫工作贯穿始终的基本要求。中国实行最精准的贫困对象识别、最严格的扶贫成效评估、最规范的贫困退出机制，真正做到了习近平强调的"真扶贫、扶真贫、脱真贫"。

虽然中国的反贫困斗争取得了举世瞩目的胜利，但习近平强调，脱贫摘帽不是终点，而是新生活、新奋斗的起点。中国正在开启全面推进乡村振兴的新征程。

第 2 章

中国减贫学的实践操作

必须坚持精准扶贫、精准脱贫，坚持扶持对象精准、项目安排精准、资金使用精准、措施到户精准、因村派人（第一书记）精准、脱贫成效精准等"六个精准"，解决好扶持谁、谁来扶、怎么扶、如何退问题，不搞大水漫灌，不搞"手榴弹炸跳蚤"，因村因户因人施策，对症下药、精准滴灌、靶向治疗，扶贫扶到点上扶到根上。①

——习近平

---

① 习近平：《在打好精准脱贫攻坚战座谈会上的讲话》，人民出版社2020年版，第8页。

　　科学的操作方法是中国减贫学的实践工具。减贫实操被公认为人类面临的行为难题，很多构想完美的减贫设计，在实践中遭遇挫折。2013 年习近平提出精准扶贫方略后，中国聚焦"扶持谁""谁来扶""怎么扶""如何退"四大问题，探索建立起中国特色脱贫攻坚制度体系，包括各负其责、各司其职的责任体系，精准识别、精准脱贫的工作体系，上下联动、统一协调的政策体系，保障资金、强化人力的投入体系，因地制宜、因村因户因人施策的帮扶体系，广泛参与、合力攻坚的社会动员体系，多渠道、全方位的监督体系和最严格的考核评估体系，[①]将国家扶贫资源精准"滴灌"至每家每户。如果把中国减贫行动比喻为跳动的时间指针，有条不紊地

---

① 　任理轩：《书写人类发展史上的伟大传奇》，《人民日报》2021 年 2 月22 日。

"大国""小户"的"滴灌对接"

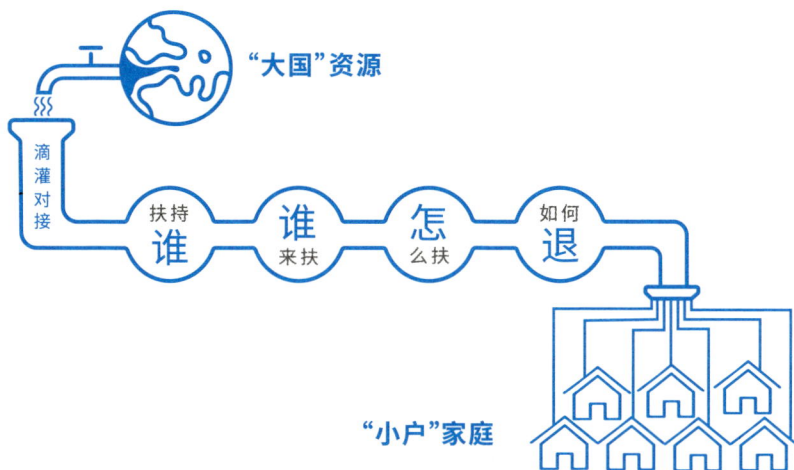

©新华社国家高端智库

精准扶贫则如同钟表后盖里精准咬合、精密运转的齿轮。

课题组选取了中国西南部、也是贫困发生突出严峻地区的一人、一户、一村，作为中国减贫实操总结分析的 3 个重点案例。分别是：云南省西双版纳拉祜族村寨 29 岁的妇女娜四，贵州省荔波县瑶山瑶族乡 39 岁的何国强一家，以及四川省凉山彝族自治州昭觉县的阿土列尔村（因为很长时间村民要爬着悬崖上的藤梯外出，人称"悬崖村"）。

2.1 谁是贫困者
——识别近亿人的到户到人瞄准机制

　　贫困识别与瞄准是减贫领域的难题。长期以来，中国农村贫困人口总量是统计部门的"抽样数据"，可描述贫困整体性、趋势性，但无法瞄准贫困个体。2012年，在河北省阜平县看望慰问困难群众时，习近平强调，帮助困难乡亲脱贫致富要有针对性，要一家一户摸情况，张家长、李家短都要做到心中有数。

　　2014年，原国务院扶贫办印发《扶贫开发建档立卡工作方案》，动员全国基层干部进村入户，开展建档立卡工作。

扫描画像：瞄准贫困地区每户每人

　　中国贵州瑶山瑶族乡农民何国强的家乡，属石漠化地区，少田土、缺水源、生存难，过着"够吃，缺钱"的拮据生活。2018 年 6 月 2 日，全家有 7 口人的何国强向村委会递交了"贫困户申请书"。一个多月后，经过一系列识别程序，他收到盖上乡政府公章的"贫困户确认书"。

贵州部分地区贫困户精准识别"七步法"

1 宣传发动　2 群众申请　3 入户调查　4 村组评议公示　5 乡镇审核公示　6 县级复审批复　7 贫困户签字确认

©新华社国家高端智库

多地还创造了识别的"土办法"，比如四看法：一看房，二看粮，三看劳动力强不强，四看家中有没有读书郎。大数据也被用于识别，有些地方打通部门数据建立大数据平台，可秒速查询贫困户名下是否有小汽车、商品房等，一旦发现就会被从贫困户中清除。

2014 年，中国组织 80 多万人识别贫困人口 8962 万；2015 年，又组织 200 多万人开展"回头看"，剔除识别不准的贫困人口 929 万，新识别补录 807 万。中国还确定集中连片特困地区 14 个，贫困县 832 个，贫困村 12.8 万个。[①]

建档立卡：近亿人的贫困"鱼鳞册"

中国为所有贫困户建立家庭档案。何国强家的档案册分为九类：基础信息、评审识别、致贫原因、帮扶计划、收支情况、政策保障、脱贫验收、相关协议、巩固提升。

在家庭档案基础上，中国首次建成全国统一、囊括近亿人、动态更新的扶贫信息管理系统。它被比喻为"鱼鳞册"，[②] 为精准扶贫提供了基础支撑。

系统的大数据分析找准了"穷根"：建档立卡贫

[①] 黄承伟著：《一诺千金——新时代中国脱贫攻坚的理论思考》，广西人民出版社 2019 年版，第 76 页。

[②] 鱼鳞册是中国古代官府为征收赋税而编造的土地档案，因档案中所绘田亩依次排列似鱼鳞而得名。

困户中，因病、因灾、因学、因劳动能力弱致贫的分别占 42%、20%、10%、8%。

织密防线：时刻关注贫困的"边缘户"

识别中各地普遍面临"一元钱难题"，即：略高于贫困标准的人群不能纳入贫困户。

对此，中国时刻关注贫困"边缘户"，将人均可支配收入低于国家贫困线 1.5 倍左右的家庭，以及因病、因灾等引发的刚性支出明显超过上年度收入和收入大幅缩减的家庭纳入重点监控范围，通过实施动态监测、针对性帮扶等，防止"边缘户"陷入贫困。

2.2 谁来扶贫
——破解"执行者难题"

充足的人力资源和良好的执行力是减贫目标实现的必要条件,中国通过各级行政人员内外全面动员,为减贫集结了强大的执行者队伍。

户户有"责任人"村村有"帮扶队"

在中国南端与老挝、缅甸接壤的西双版纳,拉祜族村寨妇女娜四小时候没有鞋子,就只能光脚去深山老林里打猎。2015年初,娜四的村庄迎来了驻村工作队,4名干部都会说拉祜语,分别负责村里的种植、养殖、扫盲、修路等工作。

每一户都有帮扶责任人,每一村都有帮扶团队,是中国减贫的独特工作方式。他们搜集信息、落实政策、发展产业、帮助就业,在一些特别贫困的地区,还要手把手教村民写自己的名字,挨家挨户寻找辍学的儿童，多年朝夕相处中与村民建立起深厚感情。

多渠道集结上千万人组成执行者队伍

为解决好"谁来扶"问题，全国累计选派 25.5 万个驻村工作队、300 多万名第一书记和驻村干部，同近 200 万名乡镇干部和数百万名村干部一道奋战在扶贫一线。扶贫力量明显加强，打通了精准扶贫"最后一公里"。

四川省凉山彝族自治州昭觉县龙沟乡
脱贫攻坚综合帮扶队人员组成图

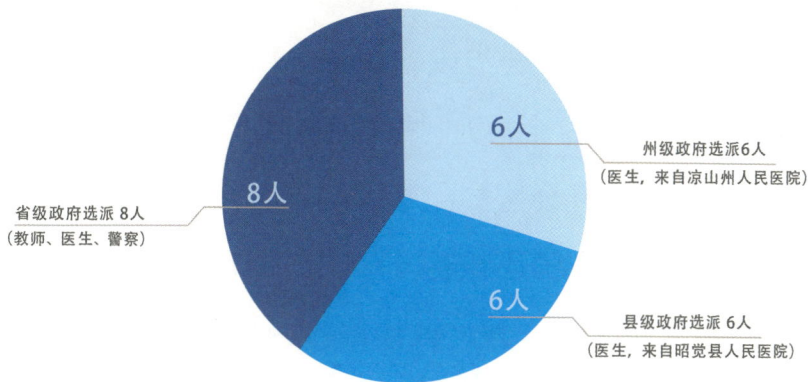

6人
州级政府选派6人
（医生，来自凉山州人民医院）

8人
省级政府选派 8 人
（教师、医生、警察）

6人
县级政府选派 6 人
（医生，来自昭觉县人民医院）

©新华社国家高端智库

贫困乡村中活跃的这 25.5 万支扶贫工作队，由派驻的县级政府根据贫困村的情况组建，人员统一安排、统一培训、统一管理、统一考评。按照规定，贫困村不脱贫，扶贫对象不达标，扶贫工作队不撤出。

凝聚"全民扶贫"合力

2015 年 10 月 16 日，中国国家主席习近平在 2015 减贫与发展高层论坛的主旨演讲中指出，我们坚持动员全社会参与，发挥中国制度优势，构建了政府、社会、市场协同推进的大扶贫格局，形成了跨地区、跨部门、跨单位、全社会共同参与的多元主体的社会扶贫体系。

民营企业、社会组织、公民个人是中国减贫的三支新生队伍，"万企帮万村"、就业扶贫、消费扶贫等行动凝聚起全社会扶贫合力。

多年来，中国还开展国际减贫合作，引进国际成功的减贫理念和方法。世界银行、联合国开发计划署、美国盖茨基金会等国际机构也积极参与助力中国减贫。

来自贫困地区本土的致富能手、外出务工经商人员、大学毕业生成为中国减贫中的"新乡贤"，发挥了"头雁效应"。

2.3 怎么帮扶
——扶贫资源"滴灌"到户

中国在精准识别基础上为每户贫困户制定不同的"脱贫方案",实现"大国"与"小户"的"滴灌对接"。

一户一套"脱贫方案"

经深入了解,帮扶干部诊断何国强家致贫原因为缺资金、缺土地、缺水,制定了扶持养殖肥猪 3 头、申请农村低保、搬迁至县城,以及参加建筑工、家政服务技能培训,就近就业等帮扶计划。

2020 年,何国强家享受政府易地扶贫搬迁政策,已搬迁到县城社区两年。他家墙上相框贴着两张照片,一张是黑油毡布覆顶的小破木房,一张是崭新、绿化的电梯小区。他在建筑工地打工,妻子黎美丽在养老院工作,帮扶干部何春柳记得:"第一次带她去找工作，跟在身后的她，紧抓着我衣角不放。"

"主要是生存环境恶劣，父母身体都不好，没有额外的收入，加上过去供养孩子读书负债。"从县里来的扶贫干部帕查有格分析"悬崖村"村民某色拉作家的致贫原因，并建议她家搬迁到山外的县城。

在 2015 年召开的中央扶贫开发工作会议上，习近平总书记指出，开对了"药方子"，才能拔掉"穷根子"。中国根据不同致贫原因，探索出以"五个一批"为主，健康扶贫、消费扶贫等结合的帮扶举措，为贫困户量身制定"脱贫方案"。

以下为几个贫困户的"脱贫方案"：

——**产业扶贫**。在中国西南部的贵州省玉屏县平溪街道，由温氏食品集团提供猪苗、饲料、饲养技术，并回收肥猪，贫困户洪加元每养一头猪赚 200 多元，年收入超 15 万元。

——**易地搬迁扶贫**。2020 年，村民某色拉作从"悬崖村"搬到县城安置小区，在政府补助下，住上100 平方米的房子。

　　——健康扶贫。江西吉安县永和镇超果村贫困户肖美兰因白血病治疗花费43万元，通过新农合、大病保险、医疗附加保险等报销40余万元，自己仅承担2.4万元。

　　——兜底保障扶贫。西藏拉萨市达孜区贫困老人贡琼年事已高，无法从事生产劳动，现在已住进养老院，每年还有几千元补贴。

备足减贫"粮草弹药"

　　中国最大化聚合扶贫资源，为大规模减贫提供"粮草弹药"。

　　8年来，中央、省、市县财政专项扶贫资金累计投入近1.6万亿元，其中中央财政累计投入6601亿元。打响脱贫攻坚战以来，土地增减挂指标跨省域调剂和省域内流转资金4400多亿元，扶贫小额信贷累计发放7100多亿元，扶贫再贷款累计发放6688亿元，金融精准扶贫贷款发放9.2万亿元，东部9省市共向扶贫协作地区投入财政援助和社会帮扶资金1005亿多元，东部地区企业赴扶贫协作地区累计投资1万多亿元，等等。我们统筹整合使用财政涉农资金，强化扶贫资金监管，确保把钱用到刀刃上。真金白银的投入，为打赢脱贫攻坚战提供了强大资金保障。①

此外，中国通过广泛动员，并借助互联网技术，引导社会资源参与到减贫中，如通过中国社会扶贫网等，搭建社会爱心人士和贫困户精准对接的桥梁，形成"互联网 +"社会扶贫新生态。

扶贫资源"滴灌效应"

聚合扶贫资源后，中国通过下放审批权限、下派帮扶干部、下沉监督力量，将资源精准配置到户。

以往，中国许多财政资金是按专项用途拨付，盖房的钱不能修路，难以契合基层需要。从 2015 年起，中国将绝大部分扶贫项目的审批权限下放到县，由县级政府因地制宜整合使用。2016 年到 2020 年 9 月底，832 个贫困县年均可支配的财政扶贫资金由整合前的

---

① 习近平：《在全国脱贫攻坚总结表彰大会上的讲话》，《新华每日电讯》2021 年 2 月 26 日。

几千万元增至 3.6 亿元。^① 派驻各村和结对帮扶的扶贫干部则成为扶贫资源传输的"末梢管道"，他们摸清贫困群众情况，将扶贫资源精准"滴灌"到一家一户。

中国还健全监督管理制度，下沉监督力量对脱贫攻坚进行督导，遏制扶贫领域腐败现象，审计查出的违纪违规问题金额占抽查资金比例从 2016 年的 25.8％降到 2019 年的 1.5％，贪污侵占等严重违纪违法问题占比降至 0.19％。^②

---

① 屈信明:《化零为整　充足粮草加强保障（权威发布·决战决胜脱贫攻坚）贫困县整合涉农资金超 1.5 万亿元》,《人民日报》2020 年 12 月 03 日。

② 齐志明:《国家审计助力"六稳""六保"扎实推进》,《人民日报》2020 年 06 月 19 日。

2.4 如何退出
——融合自评与他评的"质检仪"

2016 年，习近平在重庆调研时强调，脱贫摘帽要坚持成熟一个摘一个，既防止不思进取、等靠要，又防止揠苗助长、图虚名。中国防止贫困人口陷入"福利陷阱"，不仅明确贫困退出"时间表"，还融合他评与自评，引入第三方评估，聚焦贫困对象内生动力和长期发展能力，构建最严格退出评估制度体系。

细致评估让误差最小化

2019 年 12 月 20 日，何国强在乡政府送达的"贫困户脱贫确认告知书"签字。政府对他家采取了"稳定脱贫巩固提升计划措施"，包括产业、就业、教育、医疗四个方面，后来新增"帮助购买返贫致贫保险"。

原本连育秧苗、撒化肥都不会的娜四，在扶贫干部指导下，经过几年发展已种下了 18 亩茶树。2018
年，经过评议、核实、公示等程序，娜四退出了贫
困户。

2020 年，"悬崖村" 6000 根钢管架起的钢铁天梯
从山脚伸入云端。供电稳定，4G 网络全覆盖，一部
分村民易地搬迁，余下的村民可做民宿旅游，也可通
过电商将脐橙、核桃、青花椒卖出去。

中国对扶贫对象退出有着详细而严格的规定。不

贵州部分地区贫困户退出 "九步法"

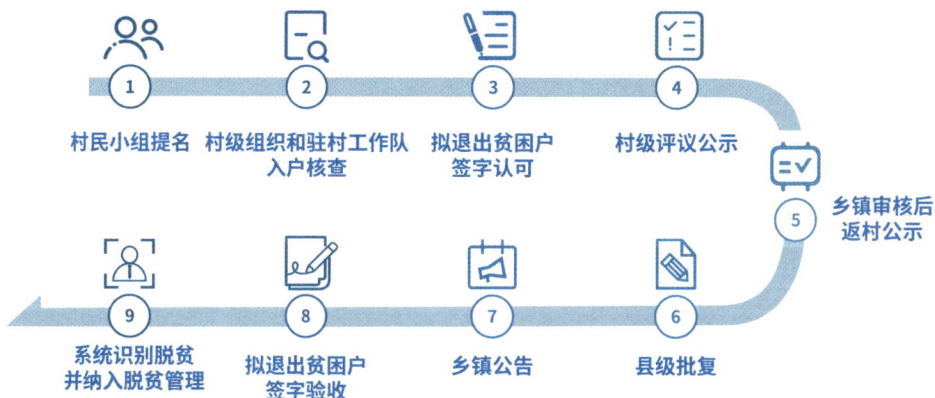

① 村民小组提名　② 村级组织和驻村工作队入户核查　③ 拟退出贫困户签字认可　④ 村级评议公示　⑤ 乡镇审核后返村公示　⑥ 县级批复　⑦ 乡镇公告　⑧ 拟退出贫困户签字验收　⑨ 系统识别脱贫并纳入脱贫管理

贫困户退出标准：贫困户收入超过当年扶贫标准线，不愁吃、不愁穿，义务教育、基本医疗、住房安全有保障。

©新华社国家高端智库

仅要求其年人均纯收入稳定超过扶贫标准，还要达到
"两不愁三保障"。

没有人能轻易逃过第三方评估的眼睛

在美国库恩基金会主席罗伯特·劳伦斯·库恩
执导拍摄的纪录片《中国脱贫攻坚》中，有这样一个
场景：

在四川省宜宾市屏山县屏边彝族乡，由西南大学
师生组成的第三方评估小组发现，一村干部的母亲被
评为贫困户。经过反复核实，最终当地承认这户为
"错评户"。

"没有人能轻易逃过第三方评估的眼睛。中国在
脱贫攻坚过程中，坚决不允许出现挪用扶贫款以及数
据造假等现象发生。"库恩感叹。

长期以来，中国脱贫绩效考核主要是上级对下
级、各级政府对其相关部门的扶贫工作直接考评或互
评，是行政系统内部的同体评估。对此，中国引入第
三方评估，建立自评与他评相融合的绩效评价体系。
覆盖全国的扶贫成效第三方评估中，高校、社会组织

等采取专项调查、抽样调查和实地核查等方式，对各项指标独立开展分析和评定，并对官员们的政绩进行评估，这提升了脱贫评估的客观性和公正性，也倒逼地方提高减贫质量。

设立过渡期构建防止返贫长效机制

脱贫之后，由于抗风险能力低、自我发展能力弱，部分农户仍存在脆弱性返贫风险和冲击性致贫风险。对此，中国以县级为单位开展监测，通过农户申

建立健全防止返贫长效机制

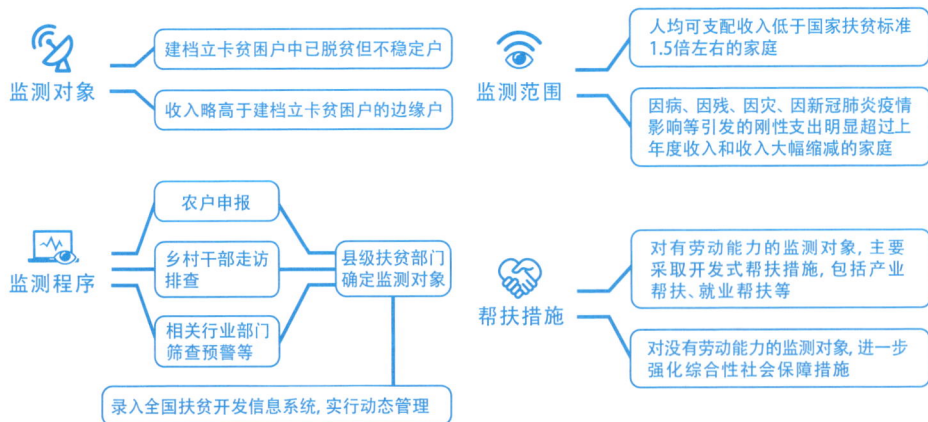

监测对象
- 建档立卡贫困户中已脱贫但不稳定户
- 收入略高于建档立卡贫困户的边缘户

监测范围
- 人均可支配收入低于国家扶贫标准1.5倍左右的家庭
- 因病、因残、因灾、因新冠肺炎疫情影响等引发的刚性支出明显超过上年度收入和收入大幅缩减的家庭

监测程序
- 农户申报
- 乡村干部走访排查
- 相关行业部门筛查预警等
- 县级扶贫部门确定监测对象
- 录入全国扶贫开发信息系统，实行动态管理

帮扶措施
- 对有劳动能力的监测对象，主要采取开发式帮扶措施，包括产业帮扶、就业帮扶等
- 对没有劳动能力的监测对象，进一步强化综合性社会保障措施

©新华社国家高端智库

报、乡村干部走访排查等，由县级扶贫部门确定监测对象，录入全国扶贫开发信息系统，实行动态管理和帮扶。

消除绝对贫困后，中国不踩"急刹车"，设立了5年过渡期，继续实行摘帽不摘责任、摘帽不摘政策、摘帽不摘帮扶、摘帽不摘监管"四个不摘"政策，为推进脱贫攻坚与乡村振兴战略有效衔接打下坚实基础。

第3章

中国减贫学的政治经济学原理

我们要坚持辩证法、两点论，继续在社会主义基本制度与市场经济的结合上下功夫，把两方面优势都发挥好，既要"有效的市场"，也要"有为的政府"，努力在实践中破解这道经济学上的世界性难题。①

——习近平

① 习近平：《论把握新发展阶段、贯彻新发展理念、构建新发展格局》《不断开拓当代马克思主义政治经济学新境界》，中央文献出版社2021年版，第64页。

　　中国减贫学是既有助于减贫、又有利于发展的政治经济学分配理论。其核心要义是：锚定共同富裕目标、依托精准手段，构建政府、市场和社会协同发力的益贫市场机制，解放贫困者的生产力，使他们不仅成为分配的受益者，也成为增长的贡献者，最终实现整个社会更加均衡、更为公平的发展。

　　中国减贫学发现，聚焦于消除绝对贫困这一"准公共物品"，中国创造性地拓展了"益贫市场"机制。它使人看到，在精准减贫领域，"有为政府"这一"看得见的手"并非"闲不住的手"，而是必不可少的"赋能之手"。同时，有效的益贫市场并非是对市场的扭曲，而是市场的再造。参与益贫市场运作的各个行为主体，形成有机互动，有利于更好地把握住公平与效率的矛盾，实现社会公正、发展与稳定，有利于解决做大蛋糕、分好蛋糕的世纪难题。

3.1 减贫与发展互益关系

"最优分配"让发展更好带动减贫

马克思主义政治经济学认为，分配决定于生产，又反作用于生产，而最能促进生产的是能使一切社会成员尽可能全面地发展、保持和施展自己能力的那种分配方式。

"发展寄托着生存和希望，象征着尊严和权利。"[①]进入二十一世纪以来，实现均衡发展、可持续发展，已成为人类社会的共同课题，但贫富悬殊和南北差距扩大问题依然严重存在，贫困及其衍生的一系列难题困扰着全球发展，消除贫困依然是当今世界面临的最大全球性挑战。

世界减贫实践证明，以发展自动促减贫存在力不

---

① 《习近平在联合国成立 70 周年系列峰会上的讲话》，人民出版社 2015 年版，第 1 页。

能及的阶段。"在产生财富的那些关系中也产生贫困，在发展生产力的那些关系中也发展一种产生压迫的力量。"① 财富一直"滚雪球"，贫困却日益"堡垒化"，如何破解这个巨大的不均衡难题？实现"最优分配"，成为一个亟待解决的问题。

做蛋糕是为了分蛋糕，分好蛋糕又促进持续做大蛋糕，纵观中国减贫历程，这个鲜明的逻辑贯穿始终。"发展为了人民、发展依靠人民、发展成果由人民共享"②，体现了对实现"最优分配"这一社会经济发展规律的深刻把握。

实现共同富裕是社会主义的本质要求，某种意义上说，共同富裕既是目标，也是过程，还是一种分配原则。公有制为主体、多种所有制经济共同发展是中国的基本经济制度，为中国不断探索"最优分配"的方法、路径提供了支撑和保障。中国也在这个探索中收获颇丰：扭住了分配与生产这对最重要关系，从而

---

① 《马克思恩格斯选集》（第一卷），人民出版社 2012 年版，第 189 页。

② 习近平：《在省部级主要领导干部学习贯彻党的十八届五中全会精神专题研讨班上的讲话》，人民出版社 2016 年版，第 25 页。

实现经济中高速增长与消除绝对贫困同步、互促，并为高质量发展打下了良好基础。

政府引导提升市场机制的益贫性

在市场经济条件下，市场在资源配置中起决定性作用，是实现减贫的重要力量。但市场配置资源以效率为原则，市场机制的理性适用于私人物品，在公共物品领域，会出现市场失灵。对于"低效"的贫困群体，具有"准公共物品"属性的减贫领域，市场理性并不友好。而且，越到消除绝对贫困的攻坚阶段，市场就越消极。贫困地区和贫困人口由于地理位置偏远、基础设施落后、自身发展能力不足等原因，往往难以有效参与市场甚至被排斥在市场之外，在整体分配格局中处于弱势地位。

早在 1990 年，世界银行就提出了"基础广泛的增长"，强调利益均等化；1999 年，益贫式增长被亚洲开发银行作为减贫战略之一提出。问题的关键在于：如何提升市场机制的益贫性？需要"有为政府"调整初次分配，并进行更有效的再分配。除了充分发挥发动、组织、指导减贫的顶层设计作用外，政府还可以通过提高资源的调动性和可利用性等方式影响资源分配。主要手段是增加公共服务供给、提高扶贫资源配置精准度、出台鼓励带贫益贫的政策、广泛拉动社会投资、推动资产收益转移等，从而增加贫困地区、贫困人口对要素市场和产品市场的准入机会，并降低风险和减少脆弱性。

在中国的脱贫攻坚阶段，市场机制的益贫作用效果明显，关键在于既发挥了市场经济的长处，又发挥了新型举国体制的社会主义制度优越性。

益贫市场机制激活贫困地区潜在生产要素

在益贫市场机制作用下，交易藩篱被不断打破、交易环节被不断熨平、交易成本不断降低，从而为激活贫困地区潜在的生产要素、释放生产力创造了有利条件。

中国减贫一个"制胜之道"，是以积极向上的辩证思维，通过政府引导提升市场机制的益贫性，变贫困"包袱"为发展潜力，将保护开发贫困地区的人力资源、自然资源作为实现共同发展、共同富裕的动力源，使贫困地区发展依托市场力量，扎实建立在自身有利条件基础上。同时，在帮助贫困者进入市场方面，中国政府通过庞大的资金、资源、服务等专项，对拥有劳动能力的贫困人口精准滴灌，帮助他们跨过市场门槛，完成由一个"自然人"向"市场人"的转换。

"最优分配"让减贫更好促进发展

中国社会主要矛盾已经转化为人民日益增长的美好生活需要和不平衡不充分的发展之间的矛盾。而发展的最不平衡是城乡发展不平衡，最不充分是乡村发展不充分。城乡发展不平衡和乡村发展不充分的突出交叉地带，就是贫困地区尤其是深度贫困地区。中国要求脱贫攻坚任务重的地区党委和政府，要把脱贫攻坚作为"十三五"期间头等大事和第一民生工程来抓，坚持以脱贫攻坚统揽经济社会发展全局。从实践效果来看，一些贫困地区实现了减贫与经济增长同步的良性循环局面；中国的减贫发挥了推动均衡、充分发展，促进经济增长，缓和社会主要矛盾的作用，从而为最优分配、推动减贫创造良好宏观环境。

减贫推动"全国统一大市场"不断扩容、提质，为经济大循环提供新动能。贫困地区通过改善基础设施、技术革新等，具备了更好融入市场的条件，开放承接了外部地区的市场资源，提高了本地区生产能力。贫困人口市场参与的深度、广度得到提升，劳动技能提升，减贫能力普遍增强，增收空间被打开，贫困人口成功获得收入增长比例高于全社会平均比例"红利"。伴随其收入增长而提升的消费能力和需求，直接投射到市场活动中，促进了生产、交换，为最优分配创造了现实条件。

3.2　五大主体互动逻辑

在生产力和生产关系当中，人是最能动的因素。围绕政府、市场、社会、减贫一线带头人和贫困人口这五个减贫主体，可以归纳出中国减贫学，尤其是近年来精准减贫的运行逻辑。这五个主体聚焦于劳动者与生产资料，以精准配置为纽带，形成一种新的全民

中国减贫学的五大主体

中国减贫学的政治经济学原理

"打鱼人"

友爱社会

益贫市场

政府"赋能之手"

"摆渡人"

©新华社国家高端智库

利益共享机制，在发展中减贫、以减贫促进发展，寻找分配与发展的最佳结合点，探求公平与效率的动态平衡，为新时代解决中国社会主要矛盾提供了新的视角。

有为政府:"闲不住的手"还是系统"赋能之手"

在贫困治理"最后一公里"的中国，如何实现"国家与积极活跃的公民的有效互动"？① 不管是"大推进平衡增长"理论还是"临界最小努力"理论，都没有给出完美答案。世界减贫的曲折前进启示人们，精准减贫方略是最优方案之一。

精确的目标往往需要复杂的系统提供支撑，这既需要精准的政府顶层设计，也需要基层创新性实施。中国脱贫攻坚取得成功的关键因素在于形成上述"有

① 2015年诺贝尔经济学奖得主、普林斯顿大学教授安格斯·迪顿（Angus Deaton）曾指出"贫困的主要原因是政府能力缺失。放眼全球，国家能力的缺失——即无法提供富国人民习以为常的服务和保护——是贫困和落魄的主要原因之一。没有国家与积极活跃的公民的有效互动，就很难形成战胜全球贫困所需的增长。"

效互动"，政府自上而下的领导和基层自下而上的创新产生同频共振。

中国脱贫攻坚实践表明，提升国家的反贫困效能，在政府层面需要提升四种能力：领导能力、创新能力、动员能力和执行能力。

提升国家的贫困治理效能

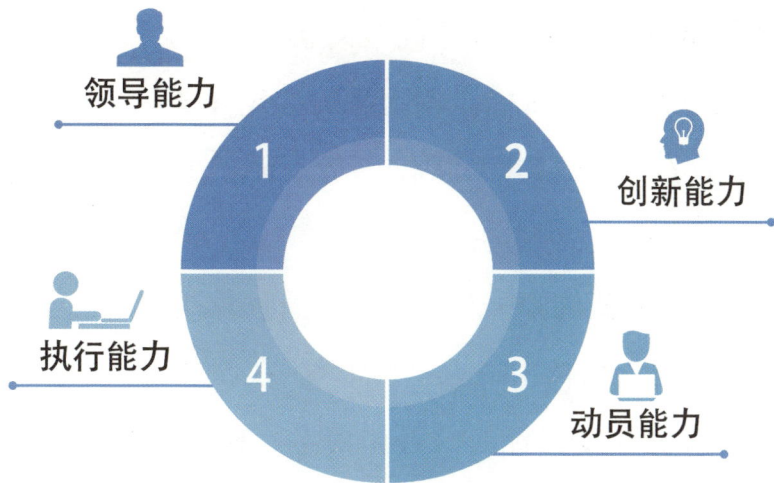

©新华社国家高端智库

——**领导能力**。在确定 2020 年全部消除绝对贫困的目标后，传统的扶贫模式已经难以适应新的要求，中国重新架构顶层设计，将脱贫攻坚列置于政治议程中心，实施以习近平任总指挥、全党上下总动员的"五级书记抓扶贫"，建立"中央统筹、省负总责、市县抓落实"的工作机制，明晰中央和地方扶贫事权的关系。在领导体制中，中国各级党政主要领导者这一"关键少数"发挥关键作用，确保了资源统筹、政策执行和社会动员。2015 年，中国中西部 22 个省（区、市）党政主要领导向中央立"军令状"，在脱贫摘帽之前，中国 832 个贫困县的主政官员不能调离本地，这意味在既定时间内选择最优治贫方案并付诸行动成为他们的必然选择。

——**创新能力**。在中国行政管理体制中，县一级政府在政权结构中"承上启下"。在脱贫攻坚中，中国把扶贫开发目标、任务、资金、权责四个方面从"四到省"改为"四到县"，由此确立县一级政府脱贫攻坚"一线指挥部"的地位，这不但消除以往资金、资源在基层"碎片化"的弊端，更在于降低贫困治理的制度成本，满足贫困人口和不同县域的差异化需求，从而提高资金使用的精准度。

责权、事权、财权匹配，加上提升扶贫开发工作权重、降低或取消 GDP 权重的崭新考核机制，成为基层政府治理贫困的"发动机"，中国扶贫呈现一种全新图景：各地一改过去由上级给项目、给资金才进行扶贫的消极被动式扶贫，转变为自觉调查研究、主动调配资金的主动式扶贫，"电商扶贫""旅游扶贫"等因地制宜的创新如雨后春笋。

——**动员能力**。中国的成功还在于最大限度动员各方力量，协调政府、市场和社会的关系，发挥"扶危济困"和"守望相助"的传统，构建了全方位、系统性、宽领域的大扶贫生态系统，通过开展挂钩帮扶、东西部协作、万企帮万村等扶贫行动为贫困地区凝聚大量人才、项目、资源。据不完全统计，中国政府的扶贫投资带动数万亿元社会总投资，成为扶贫开发的资源增量。

——**执行能力**。中国政府从考核、激励和纪律等维度激发执行力。作为政府自上而下评估的有效补

充，中国政府自加压力，从 2015 年起先后实施第三
方评估、省际间交叉考核、媒体暗访考核，成为提高
贫困治理质量和效率的利器。其中，包括帮扶满意度
在内的 7 项考核指标让贫困人口拥有更多"发言权"，
倒逼脱贫攻坚的"保质保量"。

此外，扶贫领域多方位监督、重拳反腐败、官员
作风治理、公众参与等，都直接指向中国实现全面小
康"一个都不能少"的目标要求。

益贫市场：扭曲还是再造

构建益贫市场是中国减贫实践中的一个重大
创新，是中国成功消除绝对贫困的基础条件之一。
习近平说："为了打赢这场攻坚战，我们将把扶贫开
发作为经济社会发展规划的主要内容，大幅增加扶贫
投入，出台更多惠及贫困地区、贫困人口的政策措
施，提高市场机制的益贫性，推进经济社会包容性发
展，实施一系列更有针对性的重大发展举措。"[①]

---

① 习近平:《携手消除贫困　促进共同发展：在 2015 减贫与发展高层论
坛上的主旨演讲》，人民出版社 2015 年版，第 6 页。

为此，中国发挥占主体地位的公有制经济对非公有制经济的引领和带动作用，调动各类经济主体的主观能动性，在促进资源流向高技术含量、高投入产出效率领域的同时，又不弱化贫困地区的发展和贫困人口就业、创业工作。在此过程中，中国补齐贫困地区的基础设施、公共服务短板，通过多种途径优化劳动者与生产资料的配置，释放贫困人口的潜在生产力，引导、组织和支持扶贫龙头企业、创业致富带头人与贫困户建立多种形式的利益联结机制，形成一个包容性的益贫市场，成为中国以国内大循环为主体、国内国际双循环相互促进的新发展格局的有机组成部分。

通过市场分配机制，人民日益增长的美好生活需要和不平衡不充分的发展之间的矛盾得到有效缓解，中国贫困地区正发生"让资源变资产、资金变股金、农民变股东，让绿水青山变金山银山"[①]的巨变，社会的整体利益也得到有效保护和发展。

---

① 中共中央文献研究室、习近平总书记《在中央扶贫开发工作会议上的讲话》（2015 年 11 月 27 日），《十八大以来重要文献选编》（下），中央文献出版社 2018 年版，第 50 页。

友爱社会：沉默的多数还是深层的活水

贫穷的本质不只是"钱"的问题，而是包含着诸多相互联系的维度。在扶贫公共产品的供给中，各类主体缺一不可。如果社会动员不足，贫困人口的发展就缺乏外部环境。习近平认为，扶贫开发是全党全社会的共同责任，要动员和凝聚全社会力量广泛参与。要坚持专项扶贫、行业扶贫、社会扶贫等多方力量、多种举措有机结合和互为支撑的"三位一体"大扶贫格局。[①]

中国的减贫实践中，以消除不平衡、不充分发展矛盾，提升社会均衡程度为共识，以"让每个人获得发展自我和奉献社会的机会"[②]为价值引领，构建有助于贫困人口可持续发展的"友爱社会"，激活了减贫事业的深层活水。从早些年的"希望工程""幸福工

[①] 新华社记者《习近平在部分省区市党委主要负责同志座谈会上强调 谋划好"十三五"时期扶贫开发工作 确保农村贫困人口2020年如期脱贫》，《光明日报》2015年06月20日。

[②] 习近平：《出席第三届核安全峰会并访问欧洲四国和联合国教科文组织总部、欧盟总部时的演讲》，人民出版社2014年版，第25页。

程"到 2015 年 10 月开始的"万企帮万村"行动，以及无法胜数的民间扶贫和爱心公益行动，无不反映了友爱社会的强大能量。

由于有了广泛的社会参与，在中国，"脱贫攻坚"已成为时代热词，并上升为"国家记忆"。

无处不在的"摆渡人"：多余者还是必要者

如何准确把握贫困人口的真实需求？怎样有效激励每个贫困个体做正确的事？通过什么样的管道精准输送扶贫资源？在社会转型中，中国许多贫困乡村遭遇"智力流失"，难以组织村民执行减贫任务。因此驻村扶贫者对做好脱贫攻坚尤为关键。

与许多国家大量依靠非政府组织和国际援助扶贫不同，中国在精准减贫中依靠各级行政人员持续在一线参与贫困治理与乡村发展，成为"国家治理"与"乡村自治"之间的纽带，上传下达，联结各方。

2014—2019年驻村工作队及驻村干部情况

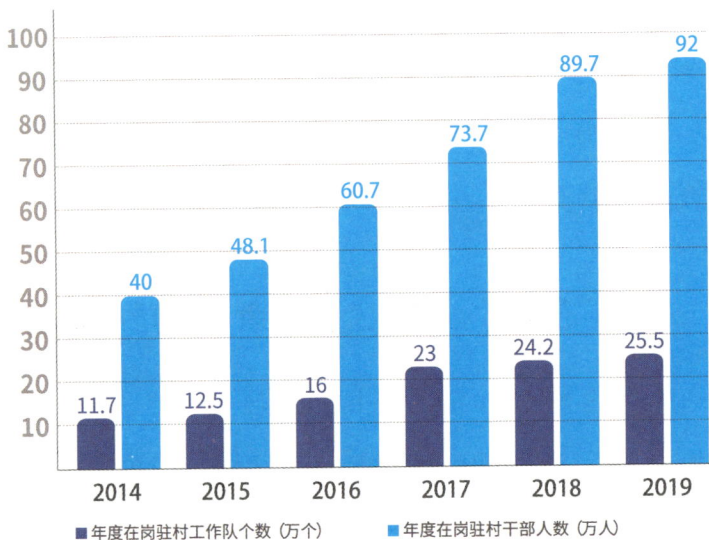

数据来源:《中国农村贫困监测报告2019》

　　"摆渡人"是中国的驻村扶贫者。他们集领导者、协调者、动员者、监督者多重角色为一体,用政策和资源打造"小舟",将贫困者摆渡到共同富裕的彼岸。同时,这些"摆渡人"也受到锻炼,为中国国家治理水平提升储备大量优质人力资源。

　　"摆渡人"是中国贫困治理体系中一个独特设计,他们是不同于其他减贫模式的新增量,也是一个关键变量。他们既负责各项政策的落实、资源的精准分配，防止偏离与错配，提高减贫的公平与效率；还根据贫困者的诉求寻找资源，协调帮扶力量、当地政府、村干部以及村民间的关系，并监督各项措施的公正执行。他们还是贫困群体反映诉求和需求的"管道"，各种信息经由他们反馈到政府部门，汇集之后成为修正扶贫政策和制度设计的参考。

自食其力的"打鱼人"：授人以鱼还是授人以渔

提高生产力发展水平，无非是从提高劳动者素质和生产资料质量两个方面着手。劳动者是生产力中最核心、最活跃的要素，实现有效、可持续的减贫，关键要"对人进行投资"，这是促进贫困人口全面自由发展的开端。

中国有句古话：授人以鱼，不如授人以渔。贫困群众既是脱贫攻坚的对象，更是脱贫致富的主体。[1]

---

[1]　新华社记者《习近平在十八届中央政治局第三十九次集体学习时强调　更好推进扶贫精准脱贫　确保如期实现脱贫攻坚目标》，《光明日报》2017 年 02 月 23 日。

回望中国消除绝对贫困之战，要诀就是认识到贫困人口主客体的"二象性"，用好外力，激发内力。

在帮助贫困者进入市场方面，中国政府采取教育培训、就业供给、动能激励、组织创新等综合手段，对拥有劳动能力的贫困人口精准滴灌，充分开发贫困者自身发展潜力，将他们变成自力更生的"打鱼人"，其中有自主创业者、劳动力转移就业者、农民合作社的参股者，还有社区公共服务者、生态环境的"守护者"等。

"有能力"的"扶起来"，"扶不了"的"带起来"，"带不了"的"保起来"。中国贫困人口中，完全或部分丧失劳动能力的超过 2000 万人，他们全都享受到了国家的"兜底保障"政策，其中一些残疾人士借助网络等新技术工具，主动成为"打鱼人"。

3.3 两个基本价值遵循

中国减贫学是对中国减贫实践中规律性认识的提炼和总结，也是中国特色社会主义政治经济学在减贫领域的新发展与新阐释。贯穿于其中的价值遵循，是立足于中国传统文化的扶贫济困思想，以及着力推动构建没有贫困的人类命运共同体的"天下情怀"。

立足传统：中华民族扶贫济困思想的千年传承

中国传统文化中，扶贫济困的思想源远流长。从殷周时期"敬德保民"，到儒家的"仁政"，到西汉时期的"与民休息"，再到明清时期的社会救济论，都包含丰富的扶贫济困思想。[①]

纵览五千年的中华文明史，共同富裕同样是理想

---

① 胡富国主编：《向贫困宣战：如何看中国扶贫》，外文出版社 2019 年版，第 51 页。

社会的特质之一。从《礼记·礼运》中"大道之行也，天下为公"到以孔子为代表的儒家"大同"社会的设想，再到中国近代康有为的"大同世界"、孙中山的"天下为公"，几千年来，中国人民从来就没有放弃对共同富裕的美好社会理想的期盼与追求。①

无论是对扶贫济困思想的传承还是对共同富裕的追求，中国传统文化中的"大同"思想、"均贫富"思想以及"民本"思想，对中国的减贫事业产生了深远的影响。"使老有所终，壮有所用，幼有所长，鳏寡孤独废疾者皆有所养"，成为多年来中国关于构建理想社会的重要愿景之一。

"民惟邦本，本固邦宁。"中国共产党将消除贫困、改善民生、实现共同富裕视作重要使命和执政基础。习近平 2015 年在一次演讲中说，"25 年前，我在中国福建省宁德地区工作，我记住了中国古人的一句话：'善为国者，遇民如父母之爱子，兄之爱弟，闻

---

① 余永跃、王世明：《论邓小平共同富裕思想的理论来源及其发展》，《科学社会主义》2012 年第 6 期。

其饥寒为之哀，见其劳苦为之悲。'至今，这句话依
然在我心中。"

"中国不仅是一个现代的成功者，而且是一个杰
出的文明古国。""中国必须在建设其未来的同时不
背弃其过去。"[①] 国际减贫思想家阿马蒂亚·森曾这样
观察。

"天下情怀"：构建人类命运共同体的孜孜以求

中国立足实践形成的减贫经验和减贫方案，以及
广泛开展的国际扶贫交流、协作等，不仅是对国际减
贫与发展理论的发展和创新，更体现了为共建人类命
运共同体而不懈奋斗的"天下情怀"。

这样的"天下情怀"，始终是中国推进世界减贫
事业的重要价值遵循。立己达人，兼济天下。中国呼
吁国际社会积极关注广大发展中国家民众的生存权和

---

① 〔英〕阿马蒂亚·森:《以自由看待发展》，中国人民大学出版社 2013
年版，第 20 页。

发展权，倡导共建一个没有贫困、共同发展的人类命运共同体。这一超越意识形态、民族国家、政党的"全球观"，也为持续推进世界减贫事业递交了"中国方案"。

第4章

中国减贫学的世界意义

　　消除贫困依然是当今世界面临的最大全球性挑战。未来 15 年，对中国和其他发展中国家都是发展的关键时期。我们要凝聚共识、同舟共济、攻坚克难，致力于合作共赢，推动建设人类命运共同体，为各国人民带来更多福祉。[①]

——习近平

[①] 习近平：《携手消除贫困　促进共同发展——在 2015 减贫与发展高层论坛上的主旨演讲》，人民出版社 2015 年版，第 7—8 页。

"关于反贫困，中国能教给我们什么？" 2018 年，世界减贫问题专家、哈佛大学教授温奈良撰写了这样一篇文章。[1] 此前两年，美国智库布鲁金斯学会也发表了文章《终结贫困：我们从中国能学什么，不能学什么？》。[2]

作为世界减贫理论的学习者、受益者和创新者，中国基于自身减贫实践的经验总结和理论创见，正在回馈人类减贫事业，为其他国家和地区提供新的参考。中国减贫行动，也在与世界的交流互鉴中继续向前推进。

---

[1] Nara Dillon, What Can China Teach Us About Fighting Poverty? THE CHINA QUESTIONS: CRITICAL INSIGHTS INTO A RISING POWER, Edited by Jennifer Rudolph and Michael Szonyi, Harvard University Press, 2018.

[2] Yuen Yuen Ang, Ending Poverty: What should we learn and not learn from China? November 7, 2016. https://www.brookings.edu/blog/future-development/2016/11/07/ending-poverty-what-should-we-learn-and-not-learn-from-china/

4.1 世界视角中的"5D"要素

贫困是"无声的危机"。当前，世界各国都在立足实际，探索适合本国国情的减贫道路。在研究中国减贫经验和理论时，多国专家发现，中国的国情与政治体制、文化传统、价值观等都有其独特之处，但中国减贫经验也不乏普遍意义，某种程度上可概括为"5D"要素。

第一，坚强领导（Determined Leadership）。

"很多外国人都感到惊讶，中国国家领导人习近平把扶贫当作了国家最重要的工作来抓。"美国库恩基金会主席罗伯特·劳伦斯·库恩博士说。

政治经济学理论显示，当一项工作成为一国最高领导人的"头号工程"，并以持续不断的态度指挥落实（"钉钉子精神"），会形成强大的国家意志，推动政治权力对资源的配置。而这项工程是以人民为中心，为了国家和社会整体福祉，解决社会公平与效率问题，就具有了崇高的"善"含义。

除了领导人自身意愿，一国领导力的发挥在于政党的领导。拥有9100多万党员的中国共产党是世界第一大政党。毫无疑问，减贫是中国共产党领导力的生动体现。

第二，细绘蓝图（**Detailed Blueprint**）。

中国擅长战略规划，也注重中期和短期目标设计，如"两个一百年"的战略目标，"五年规划"，每年一度的中央经济工作会议等。在治理中，中国强调目标导向和问题导向。这种在深刻研究和把握国内外大势基础上形成的蓝图设计，有助于全体人民对未来形成稳定预期。

为了摆脱贫困这一共同目标，中国几代领导人带领全国人民接续奋斗；为了精准扶贫、精准脱贫，中国更是实施了国家战略，全国上下按照统一目标、适应地方特色的各级政策规划和精准到户的帮扶计划共同努力。中国领导人常说，撸起袖子加油干，一张蓝图绘到底。这种做法保证了政策连续性，实现了现行标准下近亿农村贫困人口全部脱贫，兑现了脱贫路上"一个都不能少"的承诺。

第三，发展导向（Development Oriented）。

在持续的减贫进程中，中国始终抓住经济发展的金钥匙。坚持发展为第一要务，自觉通过调整生产关系激发社会生产力发展活力，自觉通过完善上层建筑适应经济基础发展要求。[①]

"中国的减贫是个增长故事。"世界银行中国局局长马丁·芮泽说。在很多国际经济学家眼里，长期的可持续增长是发展的源泉。

而"把经济增长转化为减贫效果是个复杂故事。要在政策上使经济增长转化为被更广泛共享，或有效瞄准贫困人口，就更为复杂"。国际减贫专家说。[②]

---

① 蔡昉、张晓晶著：《构建新时代中国特色社会主义政治经济学》，中国社会科学出版社 2019 年版，第 14 页。

② Nara Dillon, What Can China Teach Us About Fighting Poverty？THE CHINA QUESTIONS: CRITICAL INSIGHTS INTO A RISING POWER, Edited by Jennifer Rudolph and Michael Szonyi, Havrard University Press, 2018.

中国在发展利益对贫困人口的"自然渗透"基础上注重"主动滴灌"，有效对冲了"涓滴效应衰减"，令中国在保持经济增长的同时，也能持续提升减贫效能。"发展是解决我国一切问题的基础和关键。"①近年来，中国确立了经济从高速增长向高质量发展转变的战略。发展必须坚持新发展理念，在质量效益提升的基础上实现经济持续健康发展。这无疑将对中国减贫的未来产生新的重大影响。

第四，数字管理（Data-based Governance）。

精准扶贫需要精准数据。在脱贫攻坚期间，中国政府尤其重视大数据、数字经济发展，强调将先进的数字管理应用到减贫的全流程，使得"精准扶贫"在较短时期内成为可能。中国 2014 年建立的全国扶贫数据系统，包括 12.8 万个贫困村、2948 万贫困户、8962 万贫困人口的信息，后来不断动态调整。

作为中国首个大数据综合试验区和中国脱贫攻坚

---

① 《中共中央关于制定国民经济和社会发展第十四个五年规划和二〇三五年远景目标的建议》,《新华每日电讯》2020 年 11 月 4 日。

主战场，贵州近年来积极推动大数据与脱贫攻坚深度融合，加快了脱贫进程，提升了脱贫质量。贵州建立完善"贵州扶贫云"信息系统，打破政府职能部门的数据壁垒，共享 13 家行业部门、519 项指标、1.3 亿条相关贫困户的住房、教育、医疗等保障数据，实现数据比对无人化处理。

贵州人和致远数据服务有限责任公司采集了贵州 20317 个自然村寨近千万条精准数据，搭建了劳动力智能就业服务平台。平台先对基础劳动力的技能、就业意愿等情况进行分析，为其定制培训，目前超过 30 万人从中受益。

第五，分级实施（Decentralized Delivery）。

减贫，尤其是针对消除绝对贫困的"最后一公里"，离不开高效的落实和执行。库恩认为，中国脱贫工作的成功，靠的是全国上下一致的严格、规范、量化、透明的扶贫程序。

中国减贫政策的高效执行还得益于治理结构中的"放权"特质。有国际专家在谈论中国扶贫经验时专门分析了中国治理的这一特性，认为中国中央政府制定大政方针，各级地方政府则结合地方具体情况去创造性地落实，包括通过与投资者和民众直接互动去为地方创造市场机遇。这种分级治理产生的自下而上的创造力是中国走出贫困陷阱的一个重要动力源。

4.2 在国际交流合作中运用和发展

理论源于实践，更指导实践。

中国高度重视减贫等领域的国际交流合作。中国国家主席习近平在世界经济论坛"达沃斯议程"对话会上的特别致辞中强调，人类只有一个地球，人类也只有一个共同的未来。无论是应对眼下的危机，还是共创美好的未来，人类都需要同舟共济、团结合作。

中国不仅着力于理论和经验层面的世界共享，同样广泛开展减贫援助、减贫协作等。

——"援助式"方案直接为全球减贫输血。中国减贫学倡导让资源与贫困者有效对接，精准连通需求与供给推动减贫。面向世界，中国以重信义、担道义的主动作为，通过免除债务、各种项目的人财物支持等"援助式"行动，力所能及地向其他发展中国家提供不附加任何政治条件的援助，帮助广大发展中国家

中国帮扶发展中国家的"6个100"项目

100个减贫项目　　　　100个农业合作项目

100个促贸援助项目　　　　100个生态保护和应对气候变化项目

100所医院和诊所　　　　100所学校和职业培训中心

©新华社国家高端智库

特别是最不发达国家缓解贫困。

近年来，中国着力向发展中国家提供"6个100"项目支持，包括 100 个减贫项目、100 个农业合作项目、100 个促贸援助项目、100 个生态保护和应对气候变化项目、100 所医院和诊所、100 所学校和职业培训中心[①] 等，以助力相关国家减贫。

---

① 韩显阳，王传军:《习近平在南南合作圆桌会上发表讲话》,《光明日报》2015 年 09 月 28 日。

——"发展式"方案有效推进多国减贫。中国减贫学高度重视整体发展和个体内源式发展的减贫作用。源于中国减贫实践的"发展"观念与方法，被精准应用于与部分亚非国家的减贫合作中。

在柬埔寨干丹省莫穆坎普县实施的中柬减贫示范合作项目，通过因地制宜、因贫施策，加大投入和开发力度，改善生产生活条件，使当地社区自我发展能力明显增强。

由中非发展基金投资支持的万宝莫桑农业园项目，通过"合作种植"模式发展农业经济，带动周边农户开发土地，种植水稻，使粮食产量、农户收入显著增加。

拥有全球竹资源 12% 的非洲，正在中国等国的帮助下，挖掘竹资源、发展竹产业，实现其生态价值和减贫效益。2020 年 4 月，"东非竹业发展项目"二期启动，预计 2.85 万人因此受益，减贫效果明显。

——"共享式"方案助力世界减贫可持续。中国减贫学具有鲜明的开放、共享特征。中国以有利于经济全球化的天下情怀、大国担当，着力构"环"建"链"，推动世界更大范围、更高水平、更深层次的区域合作，对接各国发展战略，推进工业、农业、环保等各领域合作，以"共享式"实践，帮助相关国家把资源优势转化为发展优势，让减贫更具可持续性。

以合作共赢为准则，中国全力推进南北合作、加强南南合作等，高度重视落实《中国和非洲联盟加强中非减贫合作纲要》《东亚减贫合作倡议》等，为全球减贫事业提供充足资源和强劲动力。

提出共建丝绸之路经济带和 21 世纪海上丝绸之路，倡议筹建亚洲基础设施投资银行，设立丝路基金……中国以实际举措，支持发展中国家开展基础设施互联互通建设，帮助他们更好融入全球供应链、产业链、价值链。特别是"一带一路"倡议提出以来，100 多个国家和国际组织积极支持参与，一大批有影响力的项目落地。

习近平强调，作为发展中国家的坚定一员，中国将不断深化南南合作，为发展中国家消除贫困、缓解债务压力、实现经济增长作出贡献。中国将更加积极地参与全球经济治理，推动经济全球化朝着更加开放、包容、普惠、平衡、共赢的方向发展。

联合国秘书长古特雷斯表示，精准扶贫方略是帮助贫困人口、实现 2030 年可持续发展议程设定的宏伟目标的唯一途径，中国的经验可以为其他发展中国家提供有益借鉴。

当前，新冠肺炎疫情仍在全球肆虐，减贫事业面临严峻挑战。根据联合国开发计划署发布的一份报告，鉴于新冠肺炎疫情造成的长期严重影响，到 2030 年，全球或将再有 2.07 亿人陷入极端贫困，从而使极端贫困总人数突破 10 亿人。然而逆全球化趋势加剧，多边合作机制停摆，全球经济可持续发展面临的不确定性和不稳定性更加突出，发展缓慢乃至停滞致部分国家减贫进程中断甚至倒退。2020 年，世界银行又将"疫情、武装冲突、气候"列为全球减贫三大变量，称疫情可能使 8800 万到 1.15 亿人重新陷入极端贫困，几乎抵消自 2017 年以来取得的减贫成就。

中国正站在建设本国第二个百年奋斗目标的崭新

起点上，仍存在欠发达地区和城乡困难人口，贫困并未彻底终结，建立贫困治理的长效机制仍有很多挑战。中国乐于与全球分享减贫理论与实践，携手构建合作共赢新伙伴，同心打造人类命运共同体。愿同世界各国一道迎接全球贫困治理全新挑战，携手推进国际减贫进程，积极推动联合国 2030 年可持续发展议程减贫目标如期实现，共建一个没有贫困、共同发展的人类命运共同体。正如习近平主席在第七十届联合国大会一般性辩论时的讲话指出，中国将始终做全球发展的贡献者，坚持走共同发展道路，继续奉行互利共赢的开放战略，将自身发展经验和机遇同世界各国分享，欢迎各国搭乘中国发展"顺风车"，一起来实现共同发展。

结　语

　　为总结提炼中国减贫学的理论内涵，新华社国家高端智库课题组在大量文献研究的基础上，深入中国东、中、西部20余个省、区、市开展调研，走访高原边疆、内陆沿海，采访干部群众、专家学者，并借助新华社在海外的广泛驻点，专访多个国家的国际政要、智库专家，组织召开了多次专题研讨会，广泛吸取国内外减贫理论界的思想成果，经过原创提炼，最终形成本报告。消除绝对贫困、实现精准脱贫，并不意味着中国减贫实践的终止，而是朝着共同富裕目标稳步前行的新征程的开端。关于中国减贫学的理论研究还将持续。

附 件

附件1：两份基层素材中的"中国减贫学"实践

精准扶贫开展以来，位于云贵高原的贵州省成为中国减贫人口最多、易地扶贫搬迁人口最多省份。贵州省荔波县瑶山瑶族乡拉片村何国强家，是新华社国家高端智库报告案例涉及的一户贫困家庭。2018年底享受易地扶贫搬迁政策后，迁入了县城玉屏街道兴旺社区。为了让像他这样的家庭进城之后能够稳定生活、就业，基层政府继续采

取多方位的帮扶措施。课题组从设在兴旺社区的安置服务
点干部手中，获得了两份帮扶资料。它们一定程度折射了
深度贫困地区干部群众与贫困作斗争的艰辛过程，是植根
于实践的中国减贫学的生动注脚。

资料一：瑶山瑶族乡县城移民安置点扫盲
工作教案

一、授课时间

      年   月   日   时   分至   时   分

二、授课地点

    玉屏街道办事处兴旺社区服务大楼二楼会议室

三、授课教师

    何春柳   谢国军   何云登

四、教学内容

    1.应用识字

    2.认识数字

    3.认识道路交通简单标志

五、教学目标

    1.认识和书写 1 至 100 数字

    2.学会识字和书写"文明礼貌语句"生字，会写自己的名字

    3.通过交流发言来了解特殊电话号码

4. 学会认识道路交通一些简单标志

5. 使用计算器

六、教学过程

（一）导入新课

模拟和讲解移民安置点楼栋房号、电梯、手机及计算器上的数字

（二）认识数字和简单文明礼貌语句字

认识 1 至 100 的数字，认识文明礼貌语句

（三）学会写字

在方块格中书写 1 至 100 数字，在田字格中书写自己的名字和简单文明礼貌语句

（四）交流发言

说一说"110""119""120"等电话号码的意思

（五）加强练习

用计算器计算加减法题目（由授课教师出题目）

（六）认识钞票（认识不等额钞票、会收退钱）

（七）布置作业

1. 写 3 遍 1 至 100 数字

2. 写 5 遍文明礼貌语句、简单造句（由授课教师提供内容）

3. 写 20 遍自己的名字

（课题组注：3 位授课教师是瑶山瑶族乡派驻到县城安置点的帮扶干部。后来的授课者还包括县级官员，讲脱贫攻坚国家政策；劳模，讲致富经验；学校老师，讲孩子教育；住建局物业科干部，讲业主权利与义务；消防队员，讲生活消防知识；供电局工作人员，讲生活用电；就业局工作人员，讲农民工如何维权等。）

资料二：一份"走访帮扶情况"

走访帮扶情况：

作为移民服务中心帮扶干部，了解到何国强家共 7 口人，生活压力较大。今天走访何国强家，一是向他宣传前期考察的福利村一带免租金田地，看是否有意向种田补贴生活用粮。二是向何国强及其妻子黎美丽推荐就业岗位，县城移民安置点兴旺社区扶贫车间当前需要几名工人，特殊情况可带货回家加工，比较适合何国强户多子家庭。当天带夫妻二人实地考察了扶贫车间。

走访人：何春柳

2019 年 1 月 8 日

走访帮扶情况：

今天组织移民县城群众到移民安置点附近拉岜村开展"微田园"地块抽签，何国强户积极报名参加，并抽中小溪附近地块。他表示，有了微田园就可以满足生活用菜了，吃不完的蔬菜也可以让其妻子拿到市场售卖，增加收入的同时主要让妻子学会适应城市环境。

走访人：何春柳

2019 年 2 月 15 日

走访帮扶情况：

今天到何国强家入户走访，结合夫妻俩文化程度，照顾家庭时间等实际情况，动员何国强到移民点附近就近务工，他表示想去工地干活，故与汽车站附近荔府天辰项目周经理联系。周经理表示只要何国强肯干，他愿意给他面试机会，于是与周经理约好面试时间，在何国强家对他进行面试培训。当场也电话与荔波顺百年养生养老服务有限公司王经理取得联系，向公司推荐黎美丽到公司做护工，一番说情后，公司终于也给了黎美丽面试的机会。

走访人：何春柳

2019 年 3 月 10 日

走访帮扶情况：

今天到荔波顺百年养生养老服务有限公司了解黎美丽工作情况，人事主管云菲同志告诉我黎美丽与客户（老人）交流不够好，可能从大山里搬迁出来，性格还是偏内向，个人形象也不是很注意。于是我找黎美丽进行深入沟通，跟她表明老年人的一些性格和需要关心的地方，以及教会她把长头发盘整齐，顺便了解她穿衣服的码数，告诉她下次来看望她一定给她带身合身衣服，交代她在公众场合要稍微注意个人形象，她听懂了，真诚地向我笑了笑。

走访人：何春柳

2019 年 4 月 5 日

走访帮扶情况：

由于何国强前段时间家里有事，到工地面试选定了今日，5 月的太阳很温暖，工地面试很成功，工地周经理表示，只要何国强能吃苦，肯吃苦，一个月几千元工资收入没有问题，何国强也信心满满。几个孩子在移民安置小区附近县五小就读，妻子在县城养老院上班，现在他的工地工作也解决了，表示对未来生活更加信心满满。

走访人：何春柳

2019 年 5 月 6 日

走访帮扶情况：

　　今天接到何国强电话，说安置房门锁坏了，于是上门了解情况，在移民点施工方负责维护期内，帮他联系小区物业和施工方有关人员来登记并修理，借此机会教会他作为一名业主，如何行使业主的权利，如何联系物业与施工方，何国强表示下次生活中遇到此类问题，他知道如何解决了。

走访人：何春柳

2019 年 6 月 10 日

走访帮扶情况：

　　移民安置点即将举办"双语"培训，今天到何国强家动员他利用休息时间积极参加"双语"培训，多掌握一些工作技能，顺便给他妻子带了几套衣服。

走访人：何春柳

2019 年 7 月 3 日

走访帮扶情况：

　　最近一直与县农业农村局积极对接，走完审批程序后为移民县城在安置区附近拉岜村承包果园、微田园种植的群众争取了一些化肥，由于何国强只种植微田园，故按均分配将他分到的化肥送上门，鼓励他珍惜现有生活，继续努力奋斗，他们一家乐呵呵的，夫妻二人表示每月收入稳定，孩子们在县里就学后进步很快，微田园里的菜自家种的，也给生活增彩，很知足！

走访人：何春柳

2019 年 8 月 16 日

走访帮扶情况：

　　今天到何国强家了解夫妻二人工作情况，都表示已经适应了，了解到黎美丽还得到公司赞助，矫正了牙齿，补牙，她很开心，还去烫了头发，整个人气质都变了。从之前看到陌生人都害怕到现在的侃侃而谈，真为她感到高兴，交代她最近我们利用晚上时间开办了移民夜校班，如果她抽出时间，欢迎来学习。

走访人：何春柳

2019 年 9 月 20 日

走访帮扶情况：

今天到县五小看望移民县城孩子的就读情况，特别是何国强的几个儿子，平日何国强夫妇较忙，顺便与老师了解孩子们学习情况，班主任表示，移民到县城的瑶族学生适应能力很强，说普通话很流畅，了解到学校有一些社会联系救助帮扶后，将何国强家五个儿子的情况跟老师反映后，班主任表示会多加关照这一特殊家庭。

走访人：何春柳

2019 年 10 月 18 日

走访帮扶情况：

在多方努力争取下，与浙江宁波港四海国际物流有限公司取得联系并争取到简易衣柜物资帮扶，想到何国强家人口较多，为他争取了一个衣柜，何国强表示很感谢政府和社会一直以来的帮助，使家里生活越来越好！

走访人：何春柳

2019 年 11 月 11 日

走访帮扶情况:

　　今天收到一些社会捐赠冬衣,为何国强准备了一家七口的衣物并送上门,前些日子何国强在工地上不慎受伤,带着一些补品去看望他,鼓励好好养身体,工伤鉴定等周总已在协调,他表示有我们帮忙,他什么都不担心,养好身体再继续加油干。

走访人:何春柳

2019 年 12 月 10 日

走访帮扶情况:

　　今天上门看望何国强身体恢复情况,了解工伤期间生活费工地是否兑现,他表示身体已恢复,单位都有每个月按时支付生活费,妻子正常上班,在家养病期间,他刚好辅导小孩作业,年后就到工地上班。

走访人:何春柳

2020 年 1 月 16 日

走访帮扶情况：

　　一场突如其来的新冠肺炎疫情打破了生活的节奏，这个年过得很不踏实，社区出行管控，我们干部，特别是党员干部，这段时间最忙碌的时候，拖着收音机、广播各个小巷走，重复播放疫情防控知识，想到移民点的独居老人、智障人士和何国强那样养病在家、出行不便人群有采购生活物资需求，经请示领导后向社区申请到一个小三轮车，和社区几位党员干部一起购买生活必要物资免费发放到困难群众手中。

走访人：何春柳

2020 年 2 月 9 日

走访帮扶情况：

　　今天申请一些口罩，在社区值勤时拿去分发给困难群众，特别想到何国强家庭人口多，妻子在养老院上班，于是给他们一家送口罩同时宣传疫情防控有关知识。

走访人：何春柳

2020 年 3 月 16 日

走访帮扶情况：

因工作需要，3 月 1 日起组织抽调我到县脱贫攻坚指挥部工作，分担更重要任务。"社区吹哨，部门报到"，现在只有疫情防控值勤时我才到兴旺社区，但我心里依然牵挂何国强一家，与国强大哥和美丽嫂子做工作调整说明后，及时将另外接手移民后续服务工作的同志介绍给他们一家，确保工作衔接，同时，也教会国强哥夫妇立足城市一定要有主人翁意识，遇到困难先尝试着自己想办法解决，实在解决不了的再找移民后续帮扶干部，他们一家表示会永远记着我的话，并勇敢自信地生活。

走访人：何春柳

2020 年 4 月 16 日

（课题组注：今年 34 岁的布依族女干部何春柳，为荔波县脱贫攻坚指挥部业务组副组长、瑶山瑶族乡群团办主任，2018 年底先后由乡、县抽调县城安置点，开展对易地扶贫搬迁家庭帮扶工作。她虽不是何国强的帮扶责任干部，但因为何国强家人口较多、家庭条件一般，因此何春

柳去走访，多次推荐就业信息，帮助何国强和妻子黎美丽
实现稳定就业。2020年3月，何春柳的工作岗位发生变动，
这是到2020年4月止，她到何国强家的走访记录。之后，
她一直保持与何国强家的联系。）

附件 2：中国减贫学名词解释

头雁效应：在脱贫攻坚中，具有一定职业技能、创业意愿和创业能力、市场开拓能力、能发挥带动作用的致富带头人。他们带动一定地区和范围内的贫困户通过实现就业或发展产业等增加收入。

东西部扶贫协作：东部发达地区和西部贫困地区形成帮扶与被帮扶的关系，经过双方不懈努力，开展产业合作、劳务协作、人才支援、资金支持和动员社会力量参与等方面的合作，确保西部地区现行国家扶贫标准下的农村贫困人口到 2020 年实现脱贫，贫困县全部摘帽，解决区域性整体贫困。

六个精准：即扶持对象精准、项目安排精准、资金使用精准、措施到户精

准、因村派人精准、脱贫成效精准。

五个一批: 即发展生产脱贫一批、易地搬迁脱贫一批、生态补偿脱贫一批、发展教育脱贫一批、社会保障兜底一批。

易地搬迁: 易地扶贫搬迁是中国针对生活在"一方水土养不好一方人"、就地难脱贫地区的贫困群众实施的专项扶贫工程。他们"挪穷窝""换穷业""拔穷根",通过搬迁彻底改变命运。

扶贫小额信贷: 扶贫小额信贷是中国银保监会、财政部、中国人民银行、原国务院扶贫办于 2014 年联合推出的精准支持建档立卡贫困户的扶贫信贷产品,政策要点是"5 万元以下、3 年期以内、免担保免抵押、基准利率放贷、财政贴息、县建风险补偿金"。在帮助贫困群众发展生产脱贫致富、增强贫困户内生动力、促

进贫困地区金融市场发展、改善农村社会治理等方面取得显著成效。

驻村工作队： 继承和发扬干部和群众同吃、同住、同劳动的群众工作优良传统，中国以全面推行扶贫开发工作到村到户为契机，实行驻村工作队（组）制度。驻村帮扶人员，旨在确保各项强农惠农富农政策更好地落实到贫困村和贫困户，以及把扶贫资源精准地用到贫困村和贫困户，以助力发展产业等多种帮扶方式，带动提升贫困村和贫困户的自我发展能力。

万企帮万村： 全国工商联、原国务院扶贫办、中国光彩会于 2015 年 10 月正式发起的一项行动。该行动以民营企业为帮扶方，以建档立卡的贫困村、贫困户为帮扶对象，以签约结对、村企共建为主要形式，力争用 3 到 5 年时间，动员全国 1 万家以上民营企业参与，帮助 1 万个以上贫困村加快脱贫进程，为促进非公有制经济健康发展和非公有制经济人士健康成长，打赢脱贫攻坚

战、全面建成小康社会贡献力量。

电商扶贫：农村贫困人口通过电子商务就业创业，将贫困地区特色优质农副产品上网销售。这种"一网通天下"的扶贫模式，打破时空局限对农产品销售的束缚，架起偏远地区农产品进入城市市场的"桥梁"，让互联网发展成果更多惠及贫困地区和贫困人口。有力促进贫困地区产业发展、贫困户就业增收，特别是在新冠肺炎疫情期间对助力打赢脱贫攻坚战发挥了积极作用。

扶贫车间：这是一种就地就近解决贫困群众就业的生产组织方式，包括利用乡村闲置土地、房屋创办的厂房式扶贫车间和分散加工的居家式扶贫车间等，带动大量建档立卡贫困人口在家门口从事工农业产品加工、手工工艺、种植养殖等生产活动，对促进贫困人口增收脱贫发挥了积极作用。

"摆渡人"：集领导者、协调者、动员者、监督者多重

角色为一体的中国驻村扶贫力量，覆盖
到每一个贫困村落，连续数年驻扎在村
里，在贫困人口识别、贫困原因诊断、
执行减贫政策、退出贫困体系中发挥着
关键作用。他们用政策和资源打造"小舟"，载着贫困者
渡过贫穷的河流，到达富裕的彼岸。

"生态友好型"减贫：2016 年的数
据显示，中国 95% 的贫困人口和大多
数贫困地区分布在生态环境脆弱、敏感
和重点保护的地区，普遍面临"富饶的
贫困"，"一方水土养不好一方人"的问题十分突出。在精
准减贫中，中国实施生态补偿、易地搬迁等多种手段，加
大贫困地区生态环境修复力度，构建具有区域特色的绿色
产业体系，将产业发展、移民安置与生态建设有机结合，
引导贫困人口实现绿色转产转业，探索出生态环境保护与
减贫发展双赢的"生态友好型"减贫之路。

内源式发展：通过资源要素的分配和发展能力的培
育，使贫困地区、贫困群体产生内生动力来实现可持续

脱贫。在中国精准减贫行动中，内源式
发展主要是通过"扶志"与"扶智"相
结合、就业与创业相结合，激发贫困群
众的积极性和主动性，使他们的思想从
"要我脱贫"向"我要脱贫""我要致富"转变。主要是把
扶贫对象当作贫困治理主体，统筹政策、资源、市场，不
断提升扶贫对象的发展能力和组织化水平，建立内生性增
长的可持续发展体系。

"一个都不能少"：2014 年，习近平
在江苏调研时强调，让广大农民都过上
幸福美满的好日子，一个都不能少，一
户都不能落。在中国脱贫攻坚中，必须
一个民族、一个地区、一个家庭、一个人都不能少，2020
年全面建成小康社会的目标才能实现。2012 年以来，扶
贫工作变"大水漫灌"为"精准滴灌"，将目标瞄准"贫
中之贫、困中之困"，喊出了"一个都不能少"的响亮口
号，将目标导向与问题导向相统一、战略性与可操作性相
结合，成为精准减贫的最生动概括，这也是对中国共产党
"共同富裕"目标的坚定践诺。

社会保障"安全网"：是中国精准减贫中重要组成内容。由政府出资、个人缴费等方式，建立养老、医疗、低保救助、特困供养等普惠性社会保障体系，帮助"老弱病残"等特殊群体能够获得稳定收入来源，用于支付生活开支、医疗费用，最大限度抵御各类致贫因素影响。

包容性增长：2007 年，亚洲开发银行首次提出"包容性增长"概念，目的是让普通民众最大限度地享受经济发展成果。有别于单纯追求经济增长的方式，该理论提倡通过改善不平等或收入分配状态，扩展社会各阶层特别是困难群体获得发展的机会，提高社会各阶层参与增长过程的能力，从而促进贫困的减少，实现社会和经济协调发展、可持续发展。

鱼鳞册：是中国古代官府为征收赋税而编造的土地档案，因档案中所绘田亩依次排列似鱼鳞而得名。在精准识别

中，中国为近亿贫困对象建档立卡，打开任何一份贫困"档案袋"，包括收入、人口、教育、医疗、住房、饮水等情况均一目了然。覆盖近亿人的贫困户档案成了实施精准减贫的"鱼鳞册"。

滴灌效应：是基于中国精准扶贫、精准脱贫新方略，并突破西方主流减贫理论"涓滴效应"的一个新概念，它高度概括了中国精准扶贫变"大水漫灌"为"精准滴灌"的鲜明特点。西方"涓滴效应"认为只要经济总量大了，财富自然会通过往下"涓滴"惠及底层从而摆脱贫困。但事实证明，当减贫进行到一定程度时"涓滴效应"就会大幅衰减，难以彻底解决贫困问题。与无指向性的"涓滴效应"相比，"滴灌效应"直接指向每一个贫困户，是彻底消灭贫困的有效途径。

"大国""小户"：最大化聚合资源、精准化配置资源，这是全球减贫普遍面临的难题。作为拥有 9 亿多农村人口的

大国，中国攻克最后的"贫困堡垒"，任务尤为艰巨。在减贫中，中国一方面最大限度聚合全社会的扶贫资源，构筑起大扶贫格局，另一方面精准识别出一个个贫困"小户"，在逐户找准致贫原因的基础上采取有针对性的帮扶举措，破解"大国"与"小户"的对接难题，实现扶贫资源的精准投放。

精准四问：指精准扶贫中"扶持谁""谁来扶""怎么扶""如何退"四个核心问题。其中"扶持谁"指精准识别贫困群众；"谁来扶"指形成中央统筹、省（自治区、直辖市）负总责、市（地）县抓落实的扶贫开发工作机制，整合力量开展帮扶；"怎么扶"主要指通过实施"五个一批"工程等因地因人制宜开展帮扶，确保扶到点上扶到根上；"如何退"指明确贫困县、贫困村、贫困人口退出标准和程序，设定时间表、留出缓冲期、实行严格评估、实行逐户销号。

悬崖村：中国西南大凉山腹地的阿土列尔村因地势险要，村民们出行只能依靠17段峭壁上的藤梯。2017

年，在当地的减贫行动中，政府架设了
6000 根钢管搭成的钢梯。2020 年 5 月，
全村 80 余个贫困家庭沿着钢梯走下悬
崖村，搬进了县城边的新家，实现易地
搬迁脱贫。

编写说明与致谢

　　《中国减贫学——政治经济学视野下的中国减贫理论与实践》智库报告由新华通讯社社长、新华社国家高端智库学术委员会主任何平任组长，副社长张宿堂任副组长，课题组成员包括孙承斌、班玮、刘紫凌、段羡菊、林嵬、崔峰、刘丽娜、欧阳为、桂涛、吉哲鹏、王新明、李劲峰、郭强、肖思思、梁建强、席敏、王博、吴光于、周华、闫睿、张宝亢、申丽、吴平、何悦等。

　　在报告写作过程中，中国扶贫发展中心主任黄承伟，北京大学经济学院副院长张亚光，中国教育电视台总编辑胡正荣，中国农业大学文科资深讲席教授李小云，中国传媒大学政治传播研究所所长、教授荆学民，当代中国与世界研究院重大专项筹备办公室主任王洪波，西南财经大学教授甘犁，中国社会科学院经济研究所研究员、中国社会科学院学部委员朱玲，浙江大学文科资深教授、北京师范大学中国收入分配研究院执行院长李实，北京大学贫困地区发展研究院院长雷明，北京师范大学经济与资源管理研究院书记、北京师范大学中国扶贫研究院院长张琦，国务院发展研究中心农村经济研究部部长叶兴庆，中国人民大学新闻学院教授、中国人民大学公共外交研究院副院长钟新，北京大学经济学院院长助理吴泽南，世界银行中国局局长马丁·芮泽，伦敦国王学院经济学教授克里·布朗等给予了多方面的帮助和指导，在此一并表示诚挚的谢意。

在报告撰写过程中，由于所掌握的材料和作者水平有限，不当之处在所难免，敬请广大读者批评指正。

新闻报道

新华社国家高端智库向全球发布
《中国减贫学》智库报告

新华社国家高端智库 2 月 28 日面向全球发布中英文智库报告《中国减贫学——政治经济学视野下的中国减贫理论与实践》，解读中国特色反贫困理论。

报告以习近平总书记关于扶贫工作的重要论述为主线，以中国脱贫攻坚全面胜利的伟大实践为学理基础，阐释了中国减贫学的丰富内涵，揭示了中国减贫学在我国脱贫攻坚中的理论逻辑和世界意义。

报告分为中国减贫学的形成脉络、中国减贫学的实践操作、中国减贫学的政治经济学原理和中国减贫学的世界意义 4 个部分。

经过一代代人接续奋斗，中国打赢脱贫攻坚战，历史性地解决了困扰中华民族几千年的绝对贫困问题，提前 10 年实现联合国 2030 年可持续发展议程的减贫目标。中国减贫实践超越了现有经典教科书的既定理论的阐释能力，新的实践需要新的理论解释与总结。

报告认为，中国成功的减贫实践孕育产生了"中国减贫学"，习近平总书记关于扶贫工作的一系列重要论述是思想基础和理论内核，包括坚持党的领导、坚持人民至上、坚持合力攻坚、坚持精准方略、坚持自立自强、坚持共享发展、坚持求真务实。

报告提出，中国减贫学是既有助于减贫、又有利于发展的政治经济学分配理论。其核心要义是：锚定共同富裕目标、依托精准手段，构建政府、市场和社会协同发力的"益贫市场"机制，解放贫困者的生产力，使他们不仅成为分配的受益者，也成为增长的贡献者，推动实现整个社会更加均衡、更加公平的发展。

聚焦于减贫，尤其是解决绝对贫困"最后一公里"这一世界性难题，报告指出，中国创造性地拓展了"益贫市场"机制。在精准减贫领域，"有为政府"这一"看得见的手"是必不可少的"赋能之手"。参与"益贫市场"运作的各个行为主体形成有机互动，有利于更好地把握住公平与效率的关系，实现社会公正、发展与稳定，有利于解决做大蛋糕、分好蛋糕的世纪难题。

当前，世界各国都在立足实际，探索适合本国国情的减贫道路。中国基于本国国情进行的大规模减贫实践和对减贫规律的理论探索，可以为其他国家和地区探索自己的减贫之道提供新的视角和有益的参考。报告将其概括为"5D"要素，即：坚强领导（Determined Leadership）、细绘蓝图（Detailed Blueprint）、发展导向（Development Oriented）、数字管理（Data-based Governance）、分级实施（Decentralized Delivery）。

为总结中国减贫学的理论内涵，新华社国家高端智库课题组在大量文献研究的基础上，深入中国东、中、西部 20 余个省、区、市开展调研，并借助新华社在海外的广泛驻点，专访多个国家的政要和智库专家，组织召开了多次专题研讨会，广泛吸取国内外减贫理论界的最新研究成果，经过原创提炼，最终形成这一报告。

报告运用全媒体形式，以中英文同步向全球发布。由新华社制作的中英文双语纪录片《中国减贫密码》，也于 28 日同步播发。

新华社国家高端智库是中国国家高端智库方阵中唯一媒体型智库，以政策研究为主攻方向，近年来围绕国内外重大问题开展前瞻性、战略性、储备性研究，形成了众多有影响的智库研究成果。

新华社 2021 年 2 月 28 日电

政治经济学视野下的中国减贫理论与实践

——《中国减贫学》智库报告解读中国特色反贫困理论

（扫描观看电子版）

新华社国家高端智库 2 月 28 日发表《中国减贫学》智库报告，从政治经济学视野阐释中国减贫实践。

报告指出，中国成功的减贫实践孕育了富有理论创新的"中国减贫学"，习近平总书记关于扶贫工作的重要论述是中国减贫学的思想基础和理论内核。

伟大实践为"中国减贫学"提供理论基石

现行标准下 9899 万农村贫困人口全部脱贫，832 个贫困县全部摘帽，12.8 万个贫困村全部出列，区域性整体贫困得到解决，困扰千年的绝对贫困问题消除……中国减贫实践超越了现有经典教科书既定理论的阐释能力。

一部中国史，就是一部中华民族同贫困作斗争的历史。中国消除绝对贫困，是经过几代人接续奋斗取得的结果。

经过人类历史上规模最大、力度最强的脱贫攻坚战伟大实践，中国不断深化对减贫工作的规律性认识，走出了一条中国特色减贫道路，形成了中国特色反贫困理论。习近平总书记就扶贫工作作出的一系列重要论述，为"中国减贫学"提供了坚实的理论基础。总书记反复强调"小康不小康，关键看老乡，关键在贫困的老乡能不能脱贫"。

《中国减贫学》智库报告深入阐述"中国减贫学"的核心要义，即：锚定共同富裕目标、依托精准手段，构建政府、市场和社会协同发力的"益贫市场"机制，解放贫困者的生产力，使他们不仅成为分配的受益者，也成为增长的贡献者，推动实现整个社会更加均衡、更加公平的发展。

做大蛋糕、分好蛋糕一直是世界难题，中国减贫实践如何解决这一难题？报告详细分析了中国政府的政策创新，认为中国"有为政府"这一"看得见的手"并非"闲不住的手"，而是必不可少的"赋能之手"。

报告以政治经济学的视角，指出有效的"益贫市场"并非是对市场的扭曲，而是市场的再造。中国则以创造性实践拓展了"益贫市场"机制，参与"益贫市场"运作的各个行为主体形成有机互动，有利于更好地把握住公平与效率的关系，实现社会公正、发展与稳定。

"8年来，党中央把脱贫攻坚摆在治国理政的突出位置，把脱贫攻坚作为全面建成小康社会的底线任务，组织开展了声势浩大的脱贫攻坚人民战争。党和人民披荆斩棘、栉风沐雨，发扬钉钉子精神，敢于啃硬骨头，攻克了一个又一个贫中之贫、坚中之坚，脱贫攻坚取得了重大历史性成就。"

在 25 日召开的全国脱贫攻坚总结表彰大会上，习近平总书记这样回顾我国脱贫攻坚的伟大历程。

彪炳史册的人间奇迹，充分彰显中国特色反贫困理论的实践力量。

"七个坚持"指引中国减贫实践

《中国减贫学》智库报告提出，习近平总书记有关扶贫工作的重要论述是"中国减贫学"的思想基础和理论内核。

带领人民摆脱贫困过程中，习近平总书记关于扶贫工作的重要论述不断丰富完善，系统回答了扶贫中"扶持谁、谁来扶、怎么扶、如何退"等重大问题，为中国全面消除绝对贫困提供了科学指引和行动纲领。

报告围绕"七个坚持"，总结分析了习近平总书记重要论述对中国减贫实践的重要指导作用。

——**坚持党的领导**。在习近平总书记直接指挥部署下，中国形成了"五级书记"抓扶贫的管理体制。8年来，全国累计选派25.5万个驻村工作队、300多万名第一书记和驻村干部，同近200万名乡镇干部和数百万村干部一道奋战在扶贫一线。

——**坚持人民至上**。"发展为了人民、发展依靠人民、发展成果由人民共享"，一直贯穿我国的减贫实践。

四川凉山州布拖县阿布洛哈村，为建一条3.8公里的通村公路，动用了全球现役运力最大的米-26重型直升机吊运机械设备，平均每公里造价超过千万元。

一个个动人的故事，充分印证了中国共产党始终坚持一切为了人民、一切依靠人民，始终把人民群众的根本利益作为一切工作的出发点、落脚点和评价标准。

——**坚持合力攻坚**。充分发挥社会主义制度的政治优势，集中全社会资源，形成举国同心、全面动员的共同意志、共同行动，是中国脱贫攻坚得以胜利的重要原因。

——**坚持精准方略**。在湖南西部的十八洞村，习近平总书记提出"实事求是、因地制宜、分类指导、精准扶贫"十六字方针。通过"六个精准""五个一批"，将国家扶贫资源精准"滴灌"至每家每户。

甘肃省临夏回族自治州委书记郭鹤立说，从过去"眉毛胡子一把抓"、搞"大水漫灌"，到精准识别、精准帮扶、精准投入，扶贫工作方式发生了根本性变革。

——**坚持自立自强**。习近平总书记指出，脱贫必须摆脱思想意识上的贫困。中国采取一系列扶贫和扶志扶智相结合的举措，激发贫困群众自身的内生动力，让他们心热起来、手动起来，形成"社会动员＋自我发展"的大扶贫格局。

　　——坚持共享发展。习近平总书记十分重视社会帮扶在扶贫工作中的重要作用，强调要传承中华民族守望相助、和衷共济、扶贫济困的传统美德。在他的倡导、推动下，中国不断创新社会帮扶方式，形成了人人愿为、人人可为、人人能为的社会帮扶格局。

　　——坚持求真务实。"真正让脱贫成效经得起历史和人民检验"，是习近平总书记关于扶贫工作贯穿始终的基本要求。中国实行最精准的贫困对象识别、最严格的扶贫成效评估、最规范的贫困退出机制，真正做到了习近平总书记强调的"真扶贫、扶真贫、脱真贫"。

　　《中国减贫学》智库报告总结提出，习近平总书记关于扶贫工作的重要论述中，坚持党的领导是核心要义，坚持人民至上是根本宗旨，坚持合力攻坚是制度保障，坚持精准方略是基本方法，坚持自立自强是鲜明特色，坚持共享发展是价值理念，坚持求真务实是工作准则，其中精准方略这个方法论尤为关键。

"如果把中国减贫行动比喻为跳动的时间指针，有条不紊地精准扶贫则如同钟表后盖里精准咬合、精密运转的齿轮。"报告这样向读者形象地解释精准扶贫方略指引下的中国减贫实践。

为人类减贫提供中国方案

作为世界减贫经验的学习者、受益者和创新者，中国正日益成为世界减贫的倡议者、践行者和推动者。《中国减贫学》智库报告认为，中国基于本国国情进行的大规模减贫实践和对减贫规律的理论探索，可以为其他国家和地区探索自己的减贫之路提供新的视角和有益的参考。

报告认为，这在某种程度上可概括为"5D"要素：

——**坚强领导 (Determined Leadership)**。"很多外国人都感到惊讶，中国国家领导人习近平把扶贫当作了国家最重要的工作来抓。"美国库恩基金会主席罗伯特·劳伦斯·库恩博士说。

——**细绘蓝图 (Detailed Blueprint)**。为了摆脱贫困这一共同目标，中国几代领导人带领全国人民接续奋斗；为了精准扶贫、精准脱贫，中国更是实施了国家战略。

——**发展导向 (Development Oriented)**。在持续的减贫进程中，中国始终抓住经济发展的金钥匙。"中国的减贫是个增长故事。"世界银行中国局局长马丁·芮泽说。在很多国际经济学家眼里，长期的可持续增长是发展的源泉。

——**数字管理 (Data-based Governance)**。精准扶贫需要精准数据。在脱贫攻坚期间，中国尤其重视大数据、数字经济发展，强调将先进的数字管理应用到减贫的全流程，使得"精准扶贫"在较短时间内成为可能。

——**分级实施 (Decentralized Delivery)**。减贫，尤其是针对消除绝对贫困的"最后一公里"，离不开高效的落实和执行。库恩认为，中国脱贫工作的成功，靠的是全国上下一致的严格、规范、量化、透明的扶贫程序。

报告引用美国经济学家赫希曼的"涓滴理论"，分析减贫领域的"涓滴效应"衰减现象，即减贫到达一定阶段，经济增长带来的减贫效应逐渐弱化。而中国将减贫上升为国家战略，以举国之力，在发展利益对贫困人口"自然渗透"的基础上注重"主动浇灌"，有效对冲了"涓滴效应"衰减，令中国在经济增长的同时，持续提升减贫效能，形成发展轨迹与减贫轨迹的"共进线"。

报告指出，各国减贫实践者和研究者观察到一个普遍现象：减贫越往后越步履艰难。而中国通过精准为贫困人口"建档立卡"，建立起庞大而精准的数据库，根据动态更新的信息分类施策、精准帮扶，使资源供给与减贫需求有效衔接，实现精准脱贫、稳定脱贫。

　　报告认为，贫困个体与贫困区域的重叠，使得贫困人口难以通过福利救济和个体努力改变窘境，导致出现"贫困板结现象"。这是世界减贫面临的共同难题。而中国将集中连片特困地区作为区域贫困治理重点，以832个贫困县作为具体的推进单元，通过加大基础设施建设投入、提高公共服务水平、激发区域经济活力，消融了横亘千百年的"贫困板结现象"。

　　当前，中国正站在建设第二个百年奋斗目标的新起点上，但解决发展不平衡不充分问题、缩小城乡区域发展差距、实现人的全面发展和全体人民共同富裕仍然任重道远。

　　同时，新冠肺炎疫情仍在全球肆虐，世界减贫事业面临严峻挑战。根据联合国开发计划署发布的报告，到2030年，全球或将再有2.07亿人陷入极端贫困，从而使极端贫困总人数突破10亿人。

　　减贫是世界难题、千年难题。《中国减贫学》智库报告课题组表示，希望以对"中国减贫学"的阐述，激发更多的创意思考与学术交流，共同探索世界均衡包容发展之道，促进各国进一步携手合作，向实现联合国 2030 年可持续发展议程的目标迈进。

新华社 2021 年 2 月 28 日电

中国减贫"密码"的世界意义

　　新华社国家高端智库 2 月 28 日向全球发布《中国减贫学》智库报告，从政治经济学视野解读中国减贫伟大实践、中国特色反贫困理论及其世界意义。

　　中国的经验，世界的智慧。脱贫一直是困扰全球发展和治理的突出难题。2020 年，新冠疫情叠加气候灾难，全球极端贫困人口 20 多年来首次反弹。在此背景下，中国完成了消除绝对贫困的艰巨任务，提前 10 年实现联合国 2030 年可持续发展议程减贫目标，

图为 2019 年 11 月 28 日，在莫桑比克万宝莫桑农业园，中国农业专家（左）和当地农业技术人员巡查水稻田。新华社记者张宇摄

以堪为世界之最的减贫速度和减贫数量，创造了又一个人间奇迹。

中国减贫"密码"，有中国特色，更具世界意义。当前世界各国都在立足实际，探索适合本国国情的减贫道路。中国基于本国国情进行的大规模减贫实践和对减贫规律的理论探索，可以为其他国家和地区探索自己的减贫之路提供新的视角和有益参考。英国皇家国际问题研究所主席、著名经济学家吉姆·奥尼尔说，中国减贫经验有很强独特性，值得他国借鉴。

不少研究减贫的外国学者指出，坚强领导是中国减贫"密码"的关键所在。《中国减贫学》智库报告将外国学者认为具有世界意义的中国减贫经验概括为"5D"：坚强领导（Determined Leadership）、细绘蓝图（Detailed Blueprint）、发展导向（Development Oriented）、数字管理（Data-based Governance）和分级实施（Decentralized Delivery），将"坚强领导"放在首位。中国始终坚持党中央对脱贫攻坚的集中统一领导，统筹谋划，强力推进。"只有执政党拥有强有力的执政力和出台有利于人民的政策，才能实现有效脱贫"，美洲基督教民主组织主席胡安·卡洛斯·拉托雷评论说。

精准扶贫是中国减贫"密码"的制胜法宝。为解决绝对贫困"最后一公里"的问题，中国创造性地提出并实施了精准扶贫方略，用发展的办法消除贫困根源。《中国减贫学》智库报告提出，中国创造性地拓

图为 2019 年 6 月 12 日，武警四川总队凉山支队精准帮扶昭觉县梭梭拉打村发展养蜂产业，总队驻村扶贫干部布哈（中）和村民一同展示丰收成果。新华社发（杨剑 摄）

展了"益贫市场"机制。在精准减贫领域,"有为政府"这一"看得见的手"是必不可少的"赋能之手"。中国提出"六个精准""五个一批",系统解决了扶贫中"扶持谁、谁来扶、怎么扶、如何退"等问题。老挝领导人本扬亲自走访"精准扶贫"典型湖南省十八洞村,探寻中国减贫经验。联合国秘书长古特雷斯更是高度评价精准扶贫方略是"帮助最贫困人口、实现2030年可持续发展议程目标的唯一途径"。

共享发展是中国减贫"密码"的价值理念。让贫困人口分享发展成果,是国际社会的普遍议题。一切为了人民、一切依靠人民。这是中国共产党在近百年奋斗征程中带领人民攻坚克难、不断前进的力量源泉。党的十九大报告明确指出,"让贫困人口和贫困地区同全国一道进入全面小康社会是我们党的庄严承诺"。巴基斯坦正义运动党高级领导人卡西姆·苏里率团考察江西省扶贫经验后感叹,中国的共享理念值得世界借鉴。

大道不孤,天下一家。如今的中国,正由消除绝对贫困向乡村振兴转变。中国乐于与全球分享减贫

理论和实践，愿同世界各国一道迎接全球贫困治理
全新挑战，共建一个消除贫困、共同发展的人类命运
共同体。

新华社 2021 年 3 月 1 日电

多国专家学者谈中国减贫经验给世界的启迪

　　电新华社国家高端智库 2 月 28 日向全球发布中英文智库报告《中国减贫学——政治经济学视野下的中国减贫理论与实践》，解读中国特色反贫困理论。多国专家学者认为，坚强有效的领导、持之以恒的战略以及科学专业的措施等中国减贫实践和中国对减贫规律的理论探索，为世界其他国家和地区减贫事业提供了新的视角和重要参考。

　　柬埔寨民间社会组织联盟论坛项目计划部主任谢

莫尼勒表示，这一报告向世界详细、系统解释了中国
如何消除了绝对贫困。在他看来，中国共产党的领
导，保证了中国减贫政策的长期性。

老挝国立大学中国研究中心主任西提赛·赛亚冯
说，中国减贫的科学专业令他印象深刻。他说，中国
以扎实的调研和翔实的数据为基础开展精准扶贫，这
种科学的方式体现了中国共产党和中国政府对减贫工
作的重视。此外，中国的扶贫以发展为导向，注重提
高贫困地区人口劳动技能，这有利于贫困人口加速
脱贫。

法国作家、中国问题专家索尼娅·布雷斯莱说：
"如果我们仔细阅读多份中国五年规划，就会发现
中国减贫政策的执行有很强的连续性。这是一种包
容性增长政策，政策规划的根本出发点是国民的福
祉。"她认为，中国减贫举措可以给其他国家带来
启迪。

英国皇家国际问题研究所主席吉姆·奥尼尔认
为，从经济和社会发展的角度看，持续推进工业
化、城镇化，融入世界贸易体系以及政府明确把减

贫作为优先任务，是中国成功消除绝对贫困的重要原因。

英国 48 家集团俱乐部主席斯蒂芬·佩里说，中国消除绝对贫困，这是一个致力于服务人民、帮助人民的政府所取得的成就。"改革开放在减贫过程中发挥了重要作用。只有经济获得长足发展，才有可能实现减贫目标。"

塞内加尔经济学家穆巴拉克·洛认为，中国政府为人民服务的真诚意愿和高超的领导力是中国减贫事业成功的关键。中国减贫取得巨大成就还得益于中国政府采取多管齐下的减贫政策，在基础设施开发、提高融资便利度等领域综合施策。

莫桑比克若阿金·希萨诺大学国际战略研究中心研究员埃尼亚·西杜莫认为，这份智库报告体现了中国同全世界分享发展理念和经验的开放态度和良好意愿。报告中提及的坚强领导、细绘蓝图、发展导向、数字管理、分级实施五项要素，很好地阐释了中国的减贫发展经验，值得所有面临减贫挑战的国家学习。他还说，大数据在减贫全流程中的应用提高了减贫效率，数字化管理有助于跟踪回访扶贫对象，确保扶贫工程持续开展。

埃及开罗大学政治学教授努尔汉·谢赫认为，在减贫过程中，中国政府有着清晰的整体规划和战略方向，坚持经济与社会发展齐头并进，激发经济活力的同时坚持促进科技、教育等发展以振兴乡村和贫困地区。在具体执行层面，中国实施精准扶贫政策，参与扶贫的官员、办事人员等根据具体情况制定脱贫计划，同时使用大数据等先进技术加强资金、人口信息的管理，工作十分细致。

乌兹别克斯坦国立大学经济学教授哈桑·阿布卡斯莫夫表示，乌兹别克斯坦正在学习借鉴中国减贫经验和做法，其中有两点特别值得注意，一是始终抓住经济发展这个"牛鼻子"，不断通过调整生产关系来激发社会生产活力，持续提升扶贫效能；二是有明确的国家战略规划，保证了减贫政策的持续性和稳定性。

肯尼亚国际问题专家卡文斯·阿德希尔说，这项报告的发布充分证明中国在不断深化对减贫事业的规律性认识，让世界能够更好地了解中国减贫实践，从中获得启迪。

新华社 2021 年 3 月 1 日电

联合国开发计划署署长：
中国减贫经验值得借鉴

    新华社国家高端智库《中国减贫学》智库报告日前面向全球发布。联合国开发计划署署长施泰纳在接受新华社记者专访时就此表示，近年来，中国把消除贫困作为国家发展的一个优先任务，研究中国在减贫方面的路径选择和政策实践可以获得宝贵的经验。

    施泰纳说，中国对如何减贫作了充分的思考，比如利用数字技术推动贫困地区快速脱贫致富。联合国开发计划署一直积极研究中国的减贫经验，并致力于与更多国家就消除贫困开展合作。

施泰纳说，中国的减贫成就给人们带来希望和勇气，这些成就表明，政府领导力、政策设计能力和国家治理能力对减贫来说至关重要。

新华社国家高端智库2021年2月28日面向全球发布中英文智库报告《中国减贫学——政治经济学视野下的中国减贫理论与实践》，以习近平总书记关于扶贫工作的重要论述为主线，以中国脱贫攻坚全面胜利的伟大实践为学理基础，解读中国特色反贫困理论。

新华社 2021 年 3 月 5 日电

联合国秘书长：坚强领导对中国实现脱贫目标至关重要

新华社国家高端智库《中国减贫学》智库报告日前面向全球发布。联合国秘书长古特雷斯就此表示，坚强领导对中国实现脱贫目标至关重要。

古特雷斯说，中国推行了一系列政策，增加了对国家生产能力、农业和农村发展的投资，特别是在基础设施、社会保障、卫生和教育等领域。这些举措有助于提高生产力、创造就业，使中国如期完成脱贫攻坚目标任务。中国的成功表明，最高领导层坚定的政治领导和决心对脱贫至关重要。

古特雷斯呼吁，在全世界就落实可持续发展目标重启努力之际，应推动加强国际合作，消除一切形式的贫困，不让任何人掉队。

新华社国家高端智库 2021 年 2 月 28 日面向全球发布中英文智库报告《中国减贫学——政治经济学视野下的中国减贫理论与实践》，以习近平总书记关于扶贫工作的重要论述为主线，以中国脱贫攻坚全面胜利的伟大实践为学理基础，解读中国特色反贫困理论。

新华社 2021 年 3 月 5 日电

系统总结脱贫攻坚经验
助力推进乡村振兴
——代表委员热议《中国减贫学》

新华社国家高端智库 2021 年 2 月 28 日发表《中国减贫学》智库报告，解读中国特色反贫困理论。在 2021 年全国两会期间，这份报告在代表委员中引发广泛关注和共鸣。代表委员们表示，《中国减贫学》智库报告系统梳理了中国减贫经验，并将其上升至理论高度，为其他国家和地区探索自己的减贫之路提供新的视角和有益的参考，也将助力我国继续巩固脱贫成果、全面推进乡村振兴。

我国脱贫攻坚战取得了全面胜利，现行标准下9899 万农村贫困人口全部脱贫。我国立足国情，把握减贫规律，走出了一条中国特色减贫道路，形成了中国特色反贫困理论。

"中国减贫实践超越了现有经典教科书既定理论的阐释能力，《中国减贫学》智库报告将习近平总书记有关扶贫工作的重要论述作为'中国减贫学'思想基础和理论内核，从政治经济学视野阐释中国减贫实践。"全国政协委员、九三学社湖南省委副主委李云才说。

《中国减贫学》智库报告围绕"七个坚持"，总结分析了习近平总书记重要论述对中国减贫实践的重要指导作用，即：坚持党的领导、坚持人民至上、坚持合力攻坚、坚持精准方略、坚持自立自强、坚持共享发展、坚持求真务实。

"报告中提到的'七个坚持'我深有体会，我自己也是扶贫的亲历者、实践者、探索者。"全国人大代表、海南省陵水黎族自治县英州镇母爸村党支部书

148

记陈飘说，报告中总结的"七个坚持"是我们打赢脱贫攻坚战的密码，接下来巩固拓展脱贫攻坚成果、推进乡村振兴还要继续坚持贯彻。

《中国减贫学》智库报告深入阐述"中国减贫学"的核心要义，即：锚定共同富裕目标、依托精准手段，构建政府、市场和社会协同发力的"益贫市场"机制，解放贫困者的生产力，使他们不仅成为分配的受益者，也成为增长的贡献者，推动实现整个社会更加均衡、更加公平的发展。

全国人大代表、好医生集团董事长耿福能坦言，过去产业扶贫几乎是摸着石头过河。"读了报告更加深切体会到'益贫市场'机制让企业发挥出产业扶贫的带动作用。未来，我们要继续用好报告中总结的脱贫攻坚宝贵经验，积极推进乡村振兴。"

全国人大代表、牧原集团董事长秦英林说，我们探索"5+"资产收益扶贫模式，已在 13 个省份的 57 个县带动超过 14 万户的 37 万贫困人口脱贫，累计收益约 8 亿元。"这一扶贫模式放在'中国减贫学’框架下理解，就是探索构建‘益贫市场’。我们将吸收、借鉴报告总结的经验，接续推进乡村振兴。"

报告提出，由于有了广泛的社会参与，在中国，"脱贫攻坚"已成为时代热词，并上升为"国家记忆"。"在扶贫公共产品的供给中，各类主体缺一不可，我国构建了有助于贫困人口可持续发展的'友爱社会'，激活了减贫事业的深层活水。"全国人大代表李燕对报告中提到的"友爱社会"感触颇深。

全国人大代表、贵州省赫章县海雀村党支部书记文正友说，自己的父亲文朝荣为让乡亲摆脱贫困，带领大家种树，把荒秃石山变成万亩松林，这放在《中国减贫学》的理论体系中理解，就是"探索生态友好型减贫"路径，取得脱贫和生态保护的双赢。

"我带来了关于农村污水治理的建议。只有改善乡村环境，才能促进乡村旅游持续发展。我们村今年重点是壮大集体经济预防返贫，让更多村民留在家乡就可持续增收。"文正友对照报告总结的减贫经验，更加坚定推进乡村振兴的信心。

新华社 2021 年 3 月 6 日电

中国减贫理论与实践将有效助力乡村振兴
——代表委员热议《中国减贫学》

新华社国家高端智库 2021 年 2 月 28 日面向全球发布了《中国减贫学》智库报告。2021 年两会期间，这一智库报告引发代表委员热议。代表委员们认为，中国成功的减贫实践孕育产生了"中国减贫学"，《中国减贫学》智库报告系统总结脱贫攻坚经验，这将为下一步的乡村振兴提供有效助力。

《中国减贫学》智库报告以习近平总书记关于扶贫工作的重要论述为主线，以中国脱贫攻坚全面胜利的伟大实践为学理基础，阐释了中国减贫学的丰富内涵，揭示了中国减贫学在我国脱贫攻坚中的理论逻辑和世界意义。

"正如《中国减贫学》智库报告所说，聚焦于消除绝对贫困这一'准公共物品'，'有为政府'这一'看得见的手'是必不可少的'赋能之手'，有利于推动参与益贫市场运作的各个行为主体形成有机互动。"全国人大代表、晨光生物科技集团股份有限公司董事长兼总经理卢庆国说。

全国政协委员、云南省农业科学院院长李学林对《中国减贫学》智库报告印象深刻，还在笔记本上记录重要信息。

"我最有感触的是，'益贫市场'机制使贫困群众不仅成为分配的受益者，也成为增长的贡献者。"李学林说，近年来，在云南省农科院的参与和帮扶下，云南部分生态环境条件较差的干热河谷有了生态产业，这些地区的芒果产业逐渐发展起来，带动了当地贫困群众脱贫增收。同时，科学的芒果种植，对保持水土、促进生态环境的改善也发挥了积极作用，实现了生产、生态和生活的有机结合。

随着我国脱贫攻坚战取得全面胜利，"三农"工作重心发生历史性转移，进入全面推进乡村振兴阶段。代表委员们表示，要不断学习脱贫攻坚重要经验，全面推进乡村振兴。

"《中国减贫学》智库报告围绕'七个坚持'，总结分析了习近平总书记重要论述对中国减贫实践的重要指导作用。坚持人民至上，让我体会最为深刻。"全国人大代表、江苏省宜兴市西渚镇白塔村党总支书记欧阳华说，无论是脱贫攻坚，还是乡村振兴，根本上都是为了消除贫困、改善民生、逐步实现共同富裕。

他说，下一步要因地制宜把白塔村打造成动静结合、高低结合、老少结合的"网红"旅游地，努力建设生态、文化、旅游为一体的美丽乡村，让村民的日子越过越有奔头。

全国政协委员、湖南省政协副主席赖明勇说，

《中国减贫学》智库报告系统分析了我国脱贫攻坚战取得全面胜利的重要原因，其中有一点尤其值得关注，那就是我们充分利用了大数据，建立了动态更新的扶贫信息管理系统，将贫困人口的信息和需求精准反映出来，有助于精准实施帮扶政策。

"坚持精准扶贫、精准脱贫，真正解决好扶持谁、谁来扶、怎么扶、如何退问题，把扶贫扶到点上扶到根上。"赖明勇认为，大数据运用不仅在扶贫领域发挥了重要作用，还将在未来推进乡村振兴过程中扮演更加重要的角色。

全国人大代表、齐鲁制药集团总裁李燕表示，《中国减贫学》智库报告提出"友爱社会"，就是动员和凝聚全社会力量广泛参与，激活减贫事业的深层活水。"我们期盼越来越多的企业可以有更多机会参与，将政府、市场、社会等多方力量拧成一股劲，为巩固拓展脱贫攻坚成果、全面推进乡村振兴作出更大贡献。"她说。

新华社 2021 年 3 月 9 日电

大型纪录片《中国减贫密码》

（扫描观看）

减贫学动画微电影《梦中的阿嫫》

（扫描观看）